爱商

揭秘婚恋关系中的领导力

Love Quotient

杨思卓◎著

导师珍藏版

浙江工商大学出版社
ZHEJIANG GONGSHANG UNIVERSITY PRESS
·杭州·

图书在版编目（CIP）数据

爱商：揭秘婚恋关系中的领导力：导师珍藏版 /
杨思卓著 . —杭州：浙江工商大学出版社，2020.12
　ISBN 978-7-5178-4112-8

　Ⅰ . ①爱… Ⅱ . ①杨… Ⅲ . ①爱情－通俗读物 Ⅳ .
① C913.1-49

　中国版本图书馆 CIP 数据核字（2020）第 172502 号

爱商：揭秘婚恋关系中的领导力：导师珍藏版
AISHANG:JIEMI HUNLIAN GUANXI ZHONG DE LINGDAOLI:DAOSHI
ZHENCANG BAN
杨思卓　著

责任编辑　郑建
封面设计　新艺书文化
责任印制　包建辉
出版发行　浙江工商大学出版社
　　　　　（杭州市教工路 198 号　邮政编码 310012）
　　　　　（E-mail:zjgsupress@163.com）
　　　　　（网址 :http://www.zjgsupress.com）
　　　　　电话：0571-88904980，88831806（传真）
排　　版　新艺书文化
印　　刷　天津市祥丰印务有限公司
开　　本　787mm×1092mm　1/16
印　　张　14.25
字　　数　150 千
版 印 次　2020 年 12 月第 1 版　2020 年 12 月第 1 次印刷
书　　号　ISBN 978-7-5178-4112-8
定　　价　199.00 元

杨思卓先生谈论对爱的理解，他把东方圆融智慧与西方创造精神融为一体。
——美国著名两性关系学专家、畅销书《男人来自火星，女人来自金星》作者
约翰·格雷

有爱心，也有爱智，这是我对管理学家杨思卓先生的第一印象。
——国际货币基金组织中国处前处长、康奈尔大学教授
普拉萨德

品读《爱商：揭秘婚恋关系中的领导力》，有智慧创造美好人生，有能量开启美好事业。
——深圳市人民政府咨询专家委员会委员，深圳市人大常委，深商总会、深圳商业联合会执行会长
林慧

感谢杨思卓老师，一位卓识远见与思维超群的管理学家，他的智慧开启了我的视野。
——福布斯"中美十大创新人物"、柔宇科技董事长
刘自鸿

学习、践行爱商的经历，让我不仅看到了瑰蜜们人生的蝶变，也开启了自己事业的第二曲线。

——全球爱商事业中心主席团主席、思卓书院总顾问

书馨

《爱商：揭秘婚恋关系中的领导力》以女性生命意义为切入点，展现了女性在亲密关系中的独特领导力和社群影响力。

——广东省珠海市专职常委、珠海市市委统战部原副部长

曹少英

无论是与理想伴侣结缘，还是为幸福婚姻保鲜，都该拜读《爱商：揭秘婚恋关系中的领导力》这本"爱情圣经"。

——广东省东方谈判发展研究院院长、《谈判兵法》《首席谈判官》作者

武向阳

学习爱商，用爱商净化身心；践行爱商，用爱商追寻幸福；传播爱商，用爱商温暖他人！

——世界 500 强公司职业经理人

王琳丽

在爱的旅途中，让我们来一次挑战

一生做茧，何不来一次蝶变？

在爱的旅途中，很多人会留下遗憾。究其原因，是他们没有选择挑战。

你 70 岁时，躺在病床上，一只蝴蝶落在窗前，那美丽的翅膀，扇动了你的记忆：

20 岁那一年，人见人爱的你，无可救药地爱上了一个人。他是那么的帅气阳光，是全校女生公认的白马王子。幸运的是，你成了他的白雪公主。可爸妈说你选错了人，警告你：如果你和他在一起，我们就和你断绝关系。你选择了人生的第一次挑战，跟着他离家出走，结果没有结果，在一次次遭遇暴力之后，你认识到爸妈是对的：他是一个"渣男"。

你带着伤痕离开了，从此对男人产生了"免疫力"。你发奋靠自己，在公司做得风生水起，还拿到了硕士学位。焦急的爸妈帮你选了一个老实男人，你选择了顺从，此时的你，已经把择偶标准降到了不求心动，只求稳定。于是从 26 岁到 36 岁，10 年的婚姻风平浪静。你逐渐珍惜他的时候，发现他已经爱上了别人，你们平静地分手了。

10 岁的女儿成了你唯一的情感寄托，一起走过十几年之后，她有了所爱，与你渐行渐远。你 50 岁的时候，女儿结婚了，要你来帮她照顾孩子，你辞去了副总裁的工作，回家照顾外孙女。这期间遇到过几个让你心动的男人，但女儿反对，你想想也就算了，有女儿，有外孙女，也有天伦之乐了。

60 岁，你不用带孩子了，女儿怕你寂寞，劝你找个老伴。可你照照镜子，发现那一副自己都不爱看的容颜，彻底放弃了，于是邻家几位大妈成了你无聊时的聊伴。

一晃又是 10 年买菜做饭的日子，你在电视剧里打发着你的无奈。直到上个月，你遇到了一位 88 岁的大姐，她热情地请你喝咖啡，说她在学"爱商"课程。看着她少女般的笑容、那满头的银丝和漂亮的旗袍，你才猛醒：我比她整整年轻 18 岁啊，这辈子怎么就没有好好活一次，即便不能像她一样照亮世界，至少能为自己活一次！看着窗外那美丽的蝴蝶，你觉得自己一生都在做茧，还自以为是春蚕，却从来没有过蝶变……

回到现实，恭喜你，你没有七十古稀，也没有卧床不起，你还可以给自己多次挑战的机会！而这次挑战，你不会失败；在你前方，有一位爱商导师等着你；在你身边，有一支爱商战队支持你……

是的，一生做茧，今天，你可以挑战一次蝶变！

爱商，让你爱的人更爱你

领导力是"万有引力"

如果说，人类社会是教育力、科技力、经济力、政治力、军事实力、文化力的角斗场的话，领导力绝对是这个场域里的"万有引力"！为了探索领导力的秘密，从 2000 年到 2020 年，我做了整整 20 年的探索，研究了各个领域里的案例，比如企业领导力、政府领导力、军队领导力、宗教领导力、社群领导力……找到了它们共通的秘密，写出了《领导力 3.0》。而唯独研究爱情婚姻中的领导力的时候，我发现那些领导原则、领导工具到了这里统统失灵；在强烈的情感磁场中，许多基于智商甚至基于情商的能力都被扭曲了。领导丈夫、领导妻子、领导情侣，领导一个人难于领导一群人。难就难在四个字：无法讲理！

在以描写情爱著称的日本小说家渡边淳一眼里，爱情和学历、智商、地位没有多少关系。那爱情到底和什么有关系？

我发现，爱情与爱商有 90% 以上的关系！

这本书的目的，就是要找到这种关系，并通过爱商来拯救爱情。

爱商（Love Quotient，LQ），就是爱的商数。爱商不等于爱心，爱商等于爱智（即爱的智慧）比爱心：爱商 = 爱智 / 爱心。假如你的爱心是 100，你的爱智是 1，那你的爱商就很低了，只有 1%。有的人说，我不爱了行不行？不爱了可能会提高相对爱商，但是不爱，人生又有什么意义呢？所以爱心一定是要有的。这个条件不可以减掉，还要增加数量，因为这关乎我们和他人的幸福。

爱心是 100，怎么能让爱商是 100 呢？可以让爱智达到 1 万，也就是说，唯一的办法，是提升我们爱的智慧。我们也可以把爱智看作船，把爱心看作船上的货物，载重量 1 吨的船如果载了 10 吨的爱，那不翻船才怪。所以一定要把爱智这条船做大。

有人说，夫妻关系中需要领导力吗？要的。在夫妻关系中，有男人做领导的，也有女人做领导的，也就是说，主导一个家庭幸福的，有男人，也有女人。我对幸福的婚姻做了一个统计，发现在 100 个幸福的家庭中，有 80 个是女人主导的。

为什么会这样？我觉得很奇怪，就接着研究下去，发现这揭示了时代的特点。

在当今时代，女性已经越来越多地走上了领导舞台。在发达国家和中等发达国家的组织结构里，进入工作岗位的女性差不多占到了45%。女性在就业率方面跟男性不相上下。但是在另外两个领域还有很大差距：一是商业领袖领域，世界500强企业中，女性领导占22%，男性领导差不多占了八成；二是在政治领袖领域，女性领导也只占了两成。不过，这也是一个好消息，说明女性还有上升的空间。

过去的"他时代"，也就是男性主导的时代，有几个重要的特点（见图1）：

第一，刚猛，这是最重要的特点。天塌下来有男性顶着，有困难时，他们会冲上去。

第二，竞争。竞争性强的行业，一般男性占主导。

第三，指令。由男性做出决断，并发布指令。

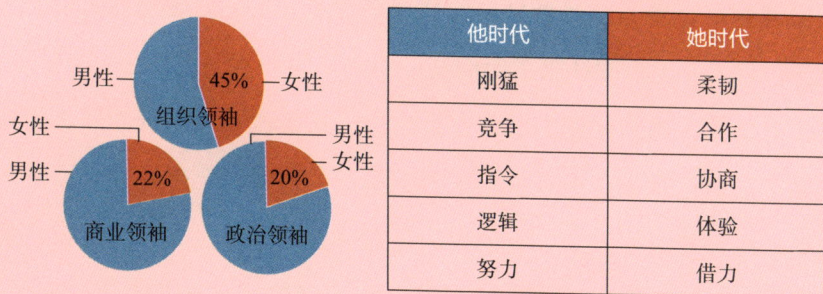

他时代	她时代
刚猛	柔韧
竞争	合作
指令	协商
逻辑	体验
努力	借力

图1 进入"她时代"，女性大放异彩

第四，逻辑。男性逻辑性较强。

第五，努力。相比较而言，男性更擅长自己努力。

"他时代"的女性领导者也有一些男性化的特征。

但是到了"她时代"，另外一些特质被团队需要——首先，是柔韧，折不断、压不弯。其次，是合作，女性天生就喜欢合作。两个男人一起逛街，会离得很远；两个女人逛街，经常手挽着手一起走。而且男性往往不如女性沟通能力强。再次，是协商，很多事情是需要商量着来做的。有的时候男性会觉得商量起来很麻烦，他们更喜欢干脆一点，直接干。但是女性的协商能力更强。

现在是体验经济、感受经济的时代，女性本身也更关注体验和感受，所以更适合由女性来主导。

男性是竞争动物，特别擅长自己努力。女性特别擅长借力。过去有一句话很有意思：男人征服世界，女人征服男人，借男人之手去征服世界。

伊丽莎白·泰勒主演的电影《埃及艳后》就讲了这样一个故事。埃及女王克莉奥佩特拉出于政治目的，与恺撒结合，从而保住了埃及。恺撒遇刺后，她又将目标转向大将军马克·安东尼。这些男人征服了世界，但埃及艳后却征服了他们。

有的男人遇到问题的时候，会想自己怎么做才能解决问题，天塌下来可以自己顶着。但有的女人遇到问题的时候，会想让谁来顶着更合适。就像要过一条河，有的男人愿意冲过去，蹚过去，游过去，架座桥过去，总而言之就是要自己想办法。但有些女人采取的方式不同，大家应该还记得民歌里唱过："妹娃子要过河，哪个来推我？"男人就说，"我来推你"。

这就是很多女性和男性解决问题的不同特点。过去的时代，男人有优势，但是现在不同了，到了人工智能时代，男人的大部分体能方面的功能都有可能被机器人替代，体能的优势几乎不存在了。靠自己的体力，靠自己单打独斗，随着人工智能时代的到来，已经不大管用了。于是更多的女性开始走上领导的舞台，因为她们更柔韧，愿意合作、协商，能借力。

但是看到这里，女性朋友也不要盲目高兴，说"我的时代来了"。"她时代"确实是来了，但你如果不能把这些特点发挥出来，照样既做不成事，也做不好人。

所谓"幸运"，不过是及早发现了你为之而生的那件事，及时遇到了识你帮你的那个人。现在很多男人也学会借力了。很多大型企业的领导者，都是一男一女做搭档。男人把男人的特长发挥到极致，女人把女人的特长发挥到极致。其实，这个时代不能说是女人领导男人的时代，也不能说是男人领导女人的时代，而是彼此携手共打天下的时代。所以不是女人征服世界，也不是男人征服世界，而是男人和女人携起手来共同征服世界。

女性会起到主导的作用，但还是需要与男性合作。

有人说家国不能两全，其实不一定，很多女性两方面都做得很好，事业做得好，个人生活也安排得好。

女性极致的柔，会让她的应对能力更强。一味刚强的人，往往遍体鳞伤。历尽沧桑，而毫发无伤，必是因为柔软的力量！

爱商领导力

前文讲到了爱情和爱商的关系，这里我们进一步破解这里边的秘密：有一种病毒叫爱毒，有一种解药叫爱商。要想提升对病毒的免疫力，可以来学习爱商领导力。

爱的病毒非常可怕，一颗心本来是好的，感染了病毒之后，会人传人，越传越厉害，会造成交叉感染。

人生一半是事业，另一半是情感，两者加起来人生就圆满了。我们很多的时候说有爱就有幸福，其实只说对了一半，这个爱只不过是幸福之树的花，幸福之树还要结果。人生的幸福之树可以说是开花于爱、结果于爱的能力，爱的能力就是爱商。这本书里，我跟大家分享的就是爱商领导力，来跟大家一起探讨一下如何让爱商打开我们的幸福之门。

那爱商领导力到底应该如何定义呢？领导力不是自己有什么作为，而是通过自己的作为来引发别人的作为，从而取得既定成果的一项能力。而爱商领导力就是让你爱的人爱你的能力。你爱别人叫有爱心，但是你爱别人，无法让别人也爱你，就叫作爱无能，叫作低爱商。如果你不爱他，他爱谁都和你没关系。如果你爱了他，他也爱你，这样爱才是彼此对等的，双方才能够交流起来。

智商、情商有没有用？各有各的用处。如果你想要一个智慧的人生，必须要有智商；如果你想要一个和谐的人生，必须要有情商；如果你想要一个幸福的人生，非有爱商不可。

我们来看看高爱商的人有什么不一样。有些女性朋友说："我年龄大了，我气质形象不够好，所以我不能够找到称心如意的伴侣。"但是我们看看法国总统马克龙和比他大 24 岁的妻子布丽吉特。布丽吉特是他的中学老师，离过婚，有孩子，但马克龙还是主动追求她，两个人终成眷属。在他们俩身上，高颜值、白富美都没有用。什么有用？让你爱的人爱你的能力有用。

我们再看英国的亨利王子和长他 3 岁的王妃梅根。王子之前也是谈过恋爱的，至少在情场不是一个菜鸟，什么样人都见过，他最终选择了梅根。想嫁入英国王室，本来就有很多障碍，更别说梅根这种情况的了，几乎是不可能的。第一，她离过婚。第二，她是混血儿，有黑人血统。第三，她有很多的绯闻。第四，她的宗教信仰也和英国王室不一样。王室最后还是认可了这门婚事。2020 年 3 月 31 日，亨利王子和梅根还正式退出英国王室公职，前往美国生活。对王子来说，王室待遇可以不要，自食其力和心爱的人在一起更重要，可想而知这个女人得有多大的魅力。

这种魅力可不可以培养？当然可以。

有人问，看爱情小说，看爱情电视剧，能不能够学到这种魅力？很难。

如果没有爱商，高智商、高情商、高学历、高颜值，这一切都是华而不实的。

爱商领导力，就是能够自己创造幸福的能力。你有了这种能力，就会从一些爱情、婚姻问题的泥潭中走出来。就像我们感染了病毒，出现了很多问题，但是有了这种能力，就有了对症的特效药。

三度测评，远离爱毒

那我们自己有没有中爱毒？如果中了爱毒，会有什么样的基本症状？我们通过分析大量的案例，发现了一些规律，就是可以通过三度测评，即舒适度、自我度和觉察度测评，来看你是不是爱毒的患者（见图2）。

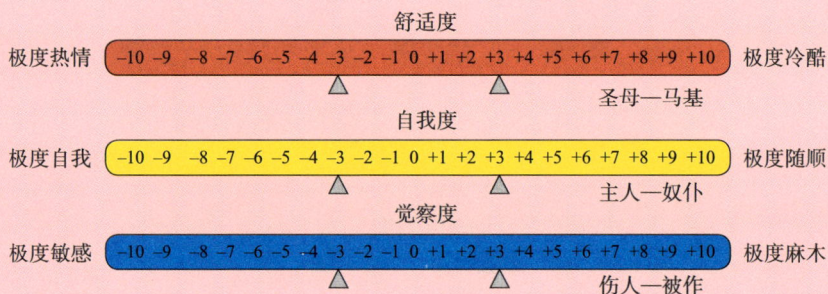

舒适度

| 极度热情 | −10 −9 −8 −7 −6 −5 −4 −3 −2 −1 0 +1 +2 +3 +4 +5 +6 +7 +8 +9 +10 | 极度冷酷 |

圣母—马基

自我度

| 极度自我 | −10 −9 −8 −7 −6 −5 −4 −3 −2 −1 0 +1 +2 +3 +4 +5 +6 +7 +8 +9 +10 | 极度随顺 |

主人—奴仆

觉察度

| 极度敏感 | −10 −9 −8 −7 −6 −5 −4 −3 −2 −1 0 +1 +2 +3 +4 +5 +6 +7 +8 +9 +10 | 极度麻木 |

伤人—被作

图2　三度测评

通常情况下，0是最平衡的，向左右摆，摆到正3、负3都很正常，问题不大。人不可能一直处在平衡点，那太难了，可以向左右摆。但是一旦超出了（−3，3），人就有偏向了。

第一个，舒适度。

舒适度是跟情商有关的一个词，情商和爱商有什么不一样呢？情商有点像春风秋月，高情商的人会让人觉得比较舒服。爱商则特别像夏雨冬阳，即夏天的雨，冬天的阳光，很及时。

我们可以用温度来表示舒适度，温度低了会得病，温度高了也会得病。人的正常体温是在36.5℃左右，高了、低了都会有问题。有的人对待他人是极度的热情，有的人对待他人则是极度的冷酷。极度冷酷的人，从来没有温暖，你在他身上感受不到温暖，他会吸收你的温暖，总是说你爱他爱得不够。极度热情的人，不管你需不需要，他就是关心你，就是爱你。就像有的时候你抱怨老妈，会说她关心得太过头了，让你吃不消，但是你抱怨归抱怨，她还是照样关心你。在这个世界上就有这样一种人，不管别人需不需要，他都去关心别人，天生就愿意对别人好。

这极冷、极热代表了两种人物：一种人叫马基雅维利主义者，就是对待一切都非常冷淡，不会付出任何东西，却想让别人为他付出；另一种人有圣母情结，圣母情结就是做好人，生怕别人说自己不好，所以委曲求全。这两种人经常混在一起，甚至可以说，往往是特别有爱的人培养了特别没有爱的人。一方爱得太多，以致让另一方爱的阀门坏掉了，根本就不付出。他不需要暖气，只需要冷气就行了。

第二个，自我度。

有一种人对别人和自我的看法就是：我的眼中没有你，只有我自己。另一种人的看法是：我的眼里只有你，没有我自己，极度随顺。比如有一对男女朋友，男生原来有女友，女生原来也有男友。双方各自分手后在一起，但是男生允许自己有前女友，不许女生有前男友，总是挑剔她，找她的麻烦。而女生一再向男生认错，在给他发的信息中甚至说："我是一块垃圾，配不上熠熠生辉的你。"她的这种极度随顺，成全了男生的自我，造成"一个愿打，一个愿挨"的假象。无原则的忍让，到退无可退的时候，就会以悲剧收场。

我们很冷静地来评价这件事情的时候，都会说不该这样做。其实在我接触的案例里，这种事情有很多。陷入极度、疯狂爱情中的人往往智商等于 0，这时候平常的智慧不起作用，爱的智慧才能起作用。

第三个，觉察度。

有的人总是会深刻地反省自己，有的人从不反省自己，对别人的感觉极其麻木。

一般来讲，学历比较高的人，往往在右端，就是对别人的感觉相对麻木。通常学历比较低的人，会在情感上比较敏感。到了 –10 分，就是极度敏感状态。假如一个极度敏感的人碰上一个极度麻木的人，不管有多爱，两个人的纠纷都会没完没了。极度麻木的人特别容易伤人，在自己还不知道的时候，就伤害到对方。而极度敏感的人经常会受伤。

有人说，这样看的话，极度麻木的人岂不是最幸福的？毕竟他们很少受伤。但其实他们也没什么幸福感，因为他们对幸福的感受也是麻木的。

爱商测评

我们再做一个爱商的测评。很多人把智商、情商当成了爱商，这是一个误区。曾经有一个学员，她的情感出了一些问题，但是她总在别人面前秀幸福，说她的爱情有多么圆满，结果最后出大问题的时候，她才找闺蜜哭诉。但她还是不承认自己没有爱商。她把情商、智商当成了爱商，这完全是两码事。我们可以根据表 1 来测评一下，看看自己在这个方面与幸福差多远。

表1 爱商测评：你与幸福差多远

爱商	1	5	10	20
1.男人渴望的四种爱，你缺少哪一种				
2.女人幸福的四大支柱，你缺少哪一项				
3.爱有五个层次，你与他各在第几层				
4.掌握哪四种沟通技巧，才能让男神对你心悦诚服				
5.爱侣中了爱毒，你掌握五步救治法吗				

总分	1—20	21—30	31—40	41—50	51—60	61—70	71—80	81—90	91—100

　　　　　重症区　　　　　波动区　　　　　安全区　　　　美满区

不太清楚：1分或5分；确切知道：10分；能够做到：20分

第一个问题，男人渴望的四种爱，你缺少哪一种？如果你不太清楚，给自己打1分或者5分。如果你确切知道这四种爱，可以给自己打10分。如果你知道又做到了，那就是20分。

第二个问题，女人幸福的四大支柱，你缺少哪一项？很多人估计连四大支柱是什么都不知道，分数不会高。

第三个问题，爱有五个层次，你和你爱的那一位，各在第几层？有的人就在最低的那种动物性的爱上；有的人是在精神的爱上，最后也被动物性拉下来了。有些爱情最后以悲剧收场，根本原因就是双方爱的层次不同。

第四个问题，掌握哪四种沟通技巧，才能让你的男神对你心悦诚服？有很多漂亮又知性的女性一处对象就遇到问题，为什么？言值不够。就是说话的技巧不太够，一聊天就聊散了。聊天都不会，还怎么"撩汉"呢？

第五个问题，爱侣中了爱毒，你掌握五步救治法了吗？比如夫妻中一个人出了问题，双方面临离异，还有办法抢救吗？很多人是慌了神，混乱中造成的灾难比灾难本身还可怕。很多的时候，本来一件事可以挽回，由于当事人处置不当，反倒造成了更大的损失。

通过对大量案例的分析，我们发现，如果一个人得分在1—30分之间，那她就处在重症区，出大问题了。得分在31—60分之间，她是处在波动区，可能会滑落到重症区，也可能到安全区，有点像疑似病例。得分在61—80分之间的人算是在安全区，虽然也会波动，但相对稳定。得分在81—100分之间的人，是在美满区，有美满婚姻的人基本上都在这个区域。

大多数人的测评分数是多少？可能很多人都不太相信，基本上在三四十分。

我们从小学开始，学了数学、语文、英语、物理、化学……学了怎么写作文，学了怎么画画……而和我们一生幸福直接相关的爱商，我们根本没学过。如何处理感情问题，也没人教我们。现在的离婚率居高不下，很多婚姻问题本来都是可以解决的，哪怕两个人中有一个人爱商较高，都不至于到离婚的程度。

面对这种现实，我们该怎么办？我们可以把爱商学到手，防患于未然。现在没出问题，是万幸；出了问题，我们也有应对的策略。

夫妻关系为什么少有美满

主婚人：查尔斯，你愿意娶戴安娜作为你的妻子吗？无论是疾病

或健康、贫穷或富裕、美貌或失色，你都愿意对她忠贞不渝直至生命
的尽头？

　　查尔斯：我愿意！

　　主婚人：戴安娜，你愿意嫁查尔斯作为你的丈夫吗？无论是疾病
或健康、贫穷或富裕、美貌或失色，你都愿意对他忠贞不渝直至生命
尽头？

　　戴安娜：我愿意！

　　领证或者婚礼的时候，我们也会像查尔斯和戴安娜一样，发出爱
的誓言。当时都说得好好的，也是真心的，那为什么后来变了呢？

　　因为，婚姻和爱情不完全等同。婚姻是个大概念，爱情是个小概
念。爱情加上另外九个方面才等于婚姻（见图 3）。这九个方面分别是：
阶层，就是是否门当户对？你的性情怎么样？彼此是不是情投意合？

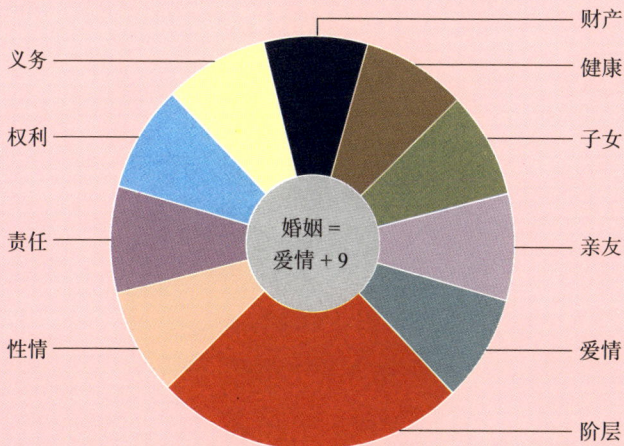

图 3　爱情 +9= 婚姻

你有什么责任？你有什么权利？你要承担什么义务？财产怎么办？健康会不会受到影响？子女怎么办？亲友关系有什么影响？

总之，爱情是浪漫的，婚姻是现实的；爱情是月亮船，婚姻是载重船。乘坐月亮船的时候，只要两个人摇就行了。到了婚姻里，上述九大方面都要考虑，任何一方面出了问题，都会影响到婚姻。如果有爱商，处理这些问题就会游刃有余。

在引言的最后，我要感谢爱商导师团。我花了数年时间研发了"爱商"这门课程，并带出了一批爱商弟子。但我一个人的力量有限，我的这些弟子中的佼佼者组成了爱商导师团，他们已经在辅导更多的人成长，这是我们大家共同的事业。有了爱商，不但能使自己成长，能使自己的家庭趋向更好的结果，而且能使这个时代变得更加美好。我希望有更多的人学习爱商、践行爱商、传播爱商，把这份爱传到世界上去。

明心之爱篇

Love   Quotient

解码男神，构建玫瑰方城

费雯·丽，有倾城倾国之美，很多人评价她美得简直不像凡间人物。她18岁，还是英国皇家戏剧艺术学院学生的时候，就迷倒了31岁的律师霍尔曼。费雯·丽和这个剑桥大学毕业的男人结了婚，生下了女儿苏珊。

后来，她在看舞台剧《皇家剧场》的时候碰到了劳伦斯·奥利弗，喜欢上了他，疯狂地陷入恋爱之中。苦恋四年之后，她的丈夫和奥利弗的妻子分别答应离婚，两人立刻结婚。结婚之后，两人合作过多部舞台剧作品和电影。任谁看，都是一对完美的情侣。但是火热的情侣，未必就是合适的夫妻。两个人到了一起，问题就出来了。极度的占有欲让费雯·丽变得神经质，经常疑神疑鬼，心想自己的丈夫这么好，可千万别让别人勾了去。发现有一点点问题，比如奥利弗和女演员走得稍微近了点，她就对他大打出手。奥利弗为了逃避妻子，长期在外巡回演出，在演出中还真和别的女演员擦出了火花。后来，与他合作的一个女主角琼成了他的第三任妻子。

费雯·丽的最后岁月是和演员梅里韦尔一起度过的。梅里韦尔倾慕女神十几年，是个备胎暖男。但费雯·丽无时无刻不在想念奥利弗，床头放的是奥利弗的照片，署名一直是奥利弗夫人。她有一幅珍贵的名画《玉女》，赠予的对象仍然是奥利弗。临死之前，费雯·丽还对记者说：如果人生可以重来，有两件事我确信不疑，一件事是我要成为一名演员，另一件事就是我一定要嫁给奥利弗。

看得出来，费雯•丽非常爱奥利弗，但悲剧就悲在这里。人生假如能从头再来一次，我断定她的人生还是悲剧。为什么？因为她缺少爱商，会越爱越受伤。她不知道男人到底要什么，只是在心中认定了"我就要你，你是我的"。学过"爱商"课程第一篇"明心之爱"和第五篇"巅峰之爱"，你就会明白，费雯•丽不了解男人的情感，而且只在短命的朦胧之爱和占有之爱间徘徊。大多数人和她一样，没有追求到"真爱"，真的是不明白。

男人的四大需求

那男人到底想要什么？有一本书写的是，男人需要的只是性。翻开书，发现一个字都没有，封面上已经写明白了。后来，有人模仿写了一本"女人需要的只是钱"。这是教人学坏，而且这不是事实。男人第一需要的不是性，女人第一需要的也不是钱，要不然有了性，有了钱，为什么还是有分手？这解释不通。

实际上，男人有四大需求。

男人的第一个需求是关爱，即有人给他呵护。男人需要有人疼他，这是他与生俱来的需求。因为从没出生开始，他就和女人在一起了。母亲怀胎 10 个月，她饿了，他就挨饿；她饱了，他也就饱了。母亲痛苦，他不好受；母亲在跟人吵架、在哭泣，他也会很悲伤。他和母亲同呼吸、共命运。等来到这个世界上，最关心他的还是母亲。母亲给他喂奶，洗澡，换衣服。

长大之后，他离开了家，离开了母亲，内心很失落，他很需要有人承接这份爱。妻子刚好可以扮演这个角色。他需要妻子的关爱、呵护。

男人的第二个需求是敬爱，即需要别人的仰慕。动物世界里雄性是争斗的动物，厉害的雄性能获得地位。

男人都想要做英雄，想要有人把他当英雄一样崇拜。在内心他会更倾向于崇拜他的人。

男人的第三个需求是恋爱，即初恋般的激情。这是基于荷尔蒙的一种反应，是一种说不清道不明的爱，这种爱往往来得特别凶猛、特别剧烈，越阻拦越厉害。这种爱是动物性的爱，如果不发泄出来，一直受到遏制，他就会一直冲动。我们从动物世界来看，为了性爱，很多动物送了命。其实人也是这样，男女之间，尤其是不谙世事的男孩女孩，很多都经历过那个阶段：要跟他走到天涯海角，离开身边的世界，爸妈不要了，工作也不要了。

但是，这种爱是短暂的。恋爱的正常时间是多少？如果不受到阻碍，激情期大概是 18 个月。所以家长经常会告诉自己的孩子，尤其是女孩子，恋爱不要谈到 3 年、5 年，甚至 7 年，时间太长，激情过去，人就会变得现实，会开始纠结。看准人之后，要闪电式地爱，然后在婚姻的屋檐下继续前行。当然前提是，你得学好了才能看得准人。那好男人的判断标准是什么？怎样选择男神？怎样排除渣男？我们后文都会讲到。

男人的第四个需求是珍爱，珍爱就是藏品般的珍惜。什么东西时间越久人们越喜欢？一般是收藏品、古董，能保值、升值。还有一种，就是能不断焕发青春的东西。所以男人女人都需要保鲜，两个人需要互相珍爱。珍爱怎么来呢？需要双方不断地升级自己的美丽和魅力。

这四种爱其实代表了一个方城，就是由玫瑰组成的方城（见图4）。你是里面的玫瑰公主，要想让你的钻石王子留下来，就要用四种爱的磁力去吸引他。

图4　四种爱组成的方城

方城里的东西应有尽有，他干吗还要出城？凡是双方之间出现第三者插足、感情破裂等情况，都是遇到了同样的问题：有一种爱缺失了，被别人乘虚而入。

有的男人说"世界这么大，我想去看看"，如果四爱俱备，你就可以很自豪地告诉他，"看什么看，姐就是世界"。尤其是时间长了，"珍爱"就显得特别重要。一个好男人、一个好女人，就像好书，读千遍也不厌倦。男人要学习，女人要学习，男人、女人都要成长，常变常新，才能是一本耐读的书。

那是不是四个方面都要达到 5 分才行？也没那个必要。这里有一个"5433"组合的概念，大家可以参考一下。就是说，对具体的男人来说，他都有自己的耐受区和不耐受区，他要的不是四个 5 分，而往往是一个 5 分，一个 4 分，两个 3 分，当然低于 3 分就可能会有问题。分析一下你爱的那个男人，做一个"5433"组合。

比如有些人有时候不要关爱，女人就可以在那段时间别管他太多，让他自由一会儿。

我们分析之后，就会画出一条线，这是自己爱人需要的（见图 5）。我们再看看自己现在给爱人的，也画出来一条线。画完后，有可能发现我们完全弄反了：他不需要的，我们给了很多；他需要的，我们没给到。那我们要怎么做呢？要紧贴他的需求线，稍微超出一点，这个是最合理的。

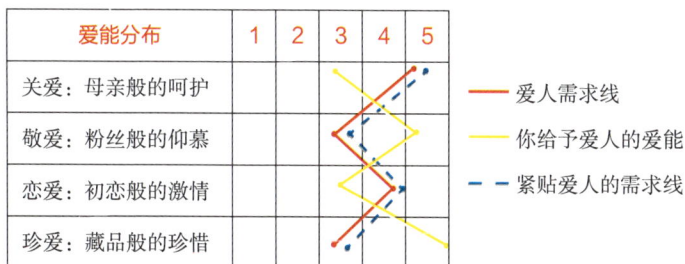

爱能分布	1	2	3	4	5
关爱：母亲般的呵护					
敬爱：粉丝般的仰慕					
恋爱：初恋般的激情					
珍爱：藏品般的珍惜					

—— 爱人需求线
—— 你给予爱人的爱能
- - - 紧贴爱人的需求线

图 5　爱能分布线

女人的四种角色

我们在这个世界上都在扮演着某种角色，那么如何扮演一种既能发挥自己特长，又适合爱人需求的角色？现在，根据男人需要的四种爱，女人可以选择四种角色（见图6）。

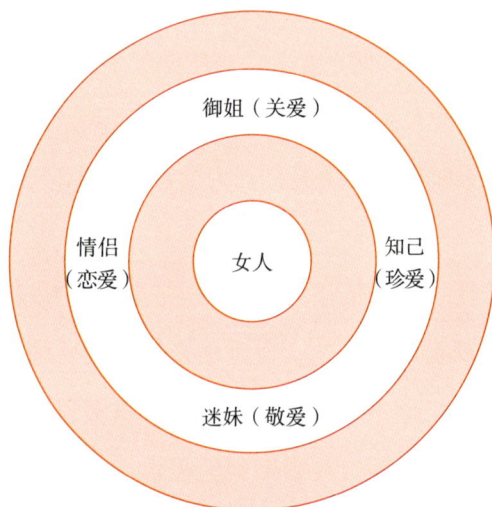

御姐（关爱）

情侣
（恋爱）

女人

知己
（珍爱）

迷妹（敬爱）

图6　女人的四种角色

第一种角色叫御姐。如果你擅长关爱的话，你就是御姐型的。现在很多姐弟恋，弟弟看中的就是这一点，他想要得到像母亲一样的关怀。小女生绝对不如大女生有这种能力，御姐型的女性，懂事，疼人。

第二种角色叫迷妹。"小萝莉"和大叔在一起，很多时候，大叔的英雄情结满足了，更容易获得敬爱。

第三种角色叫情侣。情爱满满，始终处于恋爱中。让自己的荷尔蒙一直保持较高的程度，不断地增强自己的情趣，包括生理、生活上的情趣。

第四种角色叫知己。好的妻子、好的丈夫可以用一个词来概括，就是"知心爱人"。如果彼此心都不知了，生活在一起，那叫搭伙过日子，就不是爱侣了。老夫老妻应该是知己，一个眼神，一个动作，双方就已心存默契。

很多时候我们会在两种角色，甚至三种角色、四种角色之中游移。比如有的人就是能够既做御姐又做知己，有的人能既做迷妹又做情侣。如果这四种角色在需要的时候你都能做，那你就是"百变女神"。

怎么百变？我们看一下图7的曲线。幸福有第二曲线，这还是我们在商业研究中发现的。查尔斯·汉迪作为世界顶级的管理思想大师，他认为，一个组织、一个生命、一段情感的发展都是一条S曲线。虚线的曲线到达波峰之后必然下降，下降通常可以延迟，但不可以逆转。那怎么办？第二曲线提供了再次向上的机会，而最好是在第一曲线还没有向下的时候修建第二条曲线。我们可以看一下当年的腾讯是如何通过第二曲线度过危机的。

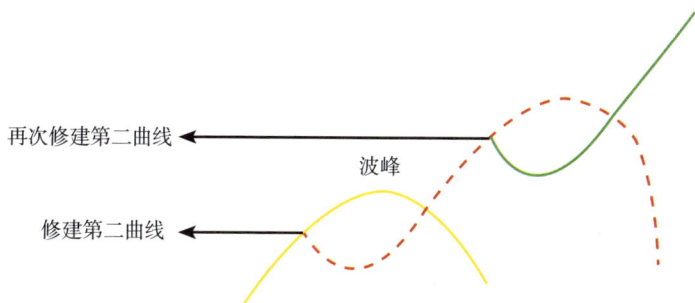

图7　查尔斯·汉迪的第二曲线

2010 年，腾讯危机四伏："3Q 大战"让马化腾心力交瘁；新浪微博风生水起，让马化腾感觉腾讯在社交方面的话语权要丧失了。于是他在这上面注入了极大的热情，腼腆的他，其实不太愿意和人交往，那个时候都开始亲自出面拉人开腾讯微博了。但是直觉又告诉他，战胜微博的，一定不是另一个微博。他派出三个团队去研究新路子，后来三个团队其中的一个——张小龙团队胜出了，微信于 2011 年 1 月 21 日正式上线。到了当年年底，微信的用户发展到了 6000 万。到了 2012 年的 3 月 29 日凌晨 4 点，马化腾在腾讯微博发了一个六字帖：终于，突破 1 亿。这在互联网领域创造了一个奇迹。微信成为增长速度最快的在线通信工具。在线用户突破 1 亿，QQ 用了将近 10 年，脸书用了 6 年半，推特用了整整 4 年，微信仅仅用了 433 天。

是什么让腾讯发生了这样一个蝶变？就是这条第二曲线。第一曲线未转头向下的时候，第二曲线起来了，一定是发生了某件事，遇到了某个人。所以某件事发生的时候，你一定不要把它看成一个偶然的现象，很可能它就是给你一个第二曲线的契机。

从恋爱过渡到敬爱，从敬爱过渡到关爱，从关爱过渡到珍爱，都是当前这种爱还没有到达顶点的时候，就建立了第二曲线。如果到了顶点即已经心生厌烦的时候还没建立第二曲线，肯定会出现问题。

四大护卫，永葆女神魅力

电视剧《我的前半生》中，33 岁的罗子君是个衣食无忧的家庭主妇。她在毕业后，就做了养尊处优的全职太太。孩子 8 岁了，接送吃饭都有保姆照顾。她一直以为自己是一个幸运的女人，不用面对工作压力，丈夫陈俊生英俊能干，儿子也乖巧懂事。她把婚姻和家庭视为全部，结果结婚 10 年，丈夫有了婚外恋，两人以离婚收场。

中国传统有"夫唱妇随""嫁鸡随鸡，嫁狗随狗"的说法，嫁给你，我就是你的人了，我可以放弃自己的一切，只为成全你。古代和现代也有很多所谓的"糟糠之妻不下堂"的故事，但常见的故事结局是，女性被迫放弃了工作，放弃了事业，失去了自己，成全了男方，当男方成功之后，爱情不在了；或者女性自愿把所有的希望、未来和情感都倾注到男方一个人身上，男方没了，她宁愿去死，男方不爱他了，她不知道该怎么办，罗子君就是这样的代表。那我们是否应该只谴责陈俊生负心？女性到底该不该"为爱失去自己"？

其实，"我养你"是最温暖的承诺，也是最危险的承诺。一个人如果把自己的幸福建立在靠别人养上，那在爱情中犯的最大的错就是沦为对方的附属品。在爱情中要不要沦为对方的附属品？为了对方该不该失去自我？著名诗人舒婷有这样一首诗，叫《致橡树》，讲述了比肩而立、各自独立又深情相对的爱情观。

我如果爱你——
绝不像攀援的凌霄花，
借你的高枝炫耀自己；
……
我必须是你近旁的一株木棉，
作为树的形象和你站在一起。
根，紧握在地下，
叶，相触在云里。
……

你有你的铜枝铁干，

像刀，像剑，也像戟；

我有我红硕的花朵，

像沉重的叹息，

又像英勇的火炬。

……

仿佛永远分离，

却又终身相依。

这才是伟大的爱情，

坚贞就在这里：

爱——

不仅爱你伟岸的身躯，

也爱你坚持的位置，足下的土地。

诗人的观点是什么呢？如果我爱你，我必须和你并排站在一起，而不是维持像藤缠树这样的一种关系。诗人没有指出如何做才能并排站在一起，我们可以从爱商的角度看一看，一个幸福的女性，应该怎样处理"我与你"的关系。为什么总担心失去爱的人？这是因为你爱得太过了，失去了自己。一旦失去了自己，你爱的也必然失去！

一个有爱商的女性不会高估自己和任何人的关系，而是要依靠情感独立、经济独立，以及永远升级的外在美丽和内在魅力（见图8）来保持自己生命的色彩。

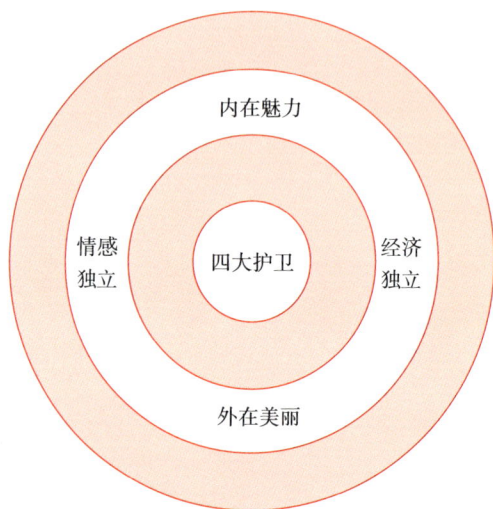

图 8 四大护卫，永葆女性魅力

第一，需要情感独立，即要有精神人格。情感独立是指生命的色彩是丰富的。人如果没有精神人格，情感不独立，就容易把所有的幸福都建立在另一个人身上。一旦那个人有变，情况就会变得不可控。从男人的角度看，他们喜欢什么样的女人？通常都喜欢小鸟依人型的。但对女人而言，依人是有度的，小鸟失去了飞的能力，那还能叫小鸟吗？

比如，有位女士，人相当不错，这些年把自己的一切都放在了丈夫的身上，丈夫去世之后，她就一蹶不振了。她就没有做到情感独立。

第二，需要经济独立，即要有物质人格。不一定说要赚大钱，但是要做到起码的经济独立，能够养活自己。不能把自己的物质需求建立在别人的供养上，否则永远独立不起来。

　　第三，需要外在美丽，即要有形象人格。一见钟情，其实就是形象人格的影响力。在大前研一和渡边淳一的一些书中，男人一见钟情往往就是从第一眼开始的。女性一定要保持外在形象的美丽，哪怕是已婚女性，也不要认为形象是可有可无的，只把形象看成一块敲门砖是不行的，它永远是你生存的一个支柱。

　　第四，需要内在魅力，即要有气质人格。有些女性外在的形象很好，一旦近距离接触，就会发现有些索然乏味，没有内在的魅力。绣花枕头一个，没有内在魅力，也是不行的。

　　如果一个女人有了这四大护卫，她的生命就会坚强起来，更重要的是，她的魅力就会散发出来。个人的生活就由黑白片变成了彩色片。无论生命中发生任何变故，她都不会害怕。

　　而且有了这四种人格支撑的女人，男人会更爱她。因为作为附属品的爱，最多是珍爱。女人生命中有了四大护卫，就像生命的大厦有了四大支柱，男人这个顶梁柱就只是锦上添花，即使顶梁柱有一天撤走了，女人也能够独自支撑起自己美丽的生命。

　　我们可以对自己的这四大护卫做一个测评，画出线条来，如图9。图9中这位女士的精神人格为1分，物质人格为2分，形象人格为5分，气质人格为3分，说明她很漂亮、很出众，形象人格、气质人格都很不错，但是在情感独立和经济独立方面有欠缺，将来也会最先在这两个方面出问题。只有1分、2分，免疫力不够。这就有"招渣"的可能，也是产生悲剧的诱因。

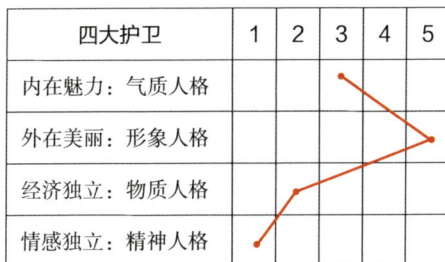

四大护卫	1	2	3	4	5
内在魅力：气质人格					
外在美丽：形象人格					
经济独立：物质人格					
情感独立：精神人格					

图 9　人格测评

其实，画出线条之后，这位女士就已经知道自己不足的地方在哪里了，接下来就要提升精神人格、物质人格。具体怎么做？我们后文会讲。

十字定位，四步关系进挪

史蒂夫·乔布斯，当年也是一个完美主义的直男了，出了名地对工作激情，对女人冷血，让初恋克里斯备受伤害。但后来，劳伦娜·鲍威尔不仅和他步入了婚姻的殿堂，还能让他在结婚 20 多年后，写出那么柔情蜜意的情书，让他爱得不能自拔。

她是怎么做到的呢？尤其是初见的时候，是怎么让乔布斯对她一见钟情的？

1989 年，乔布斯作为创业明星，受斯坦福大学的邀请做一个关于"高屋建瓴"的讲座。当时在校学习 MBA 课程的劳伦娜来晚了，工作人员说后面没有座了，让她坐到前面，结果旁边就是乔布斯的位置。乔布斯来了之后，发现旁边坐了一个美女，开始搭讪。劳伦娜说："你就是大名鼎鼎的乔布斯？我中了大奖。"乔布斯说中了奖，可是没奖品。两个人聊了几句之后，乔布斯开始了演讲。劳伦娜也是很有心的一个人，非常认真地听了乔布斯的演讲。

演讲结束之后，乔布斯本来还要出席销售团队的晚宴。但是在停车场的时候，他遇见了劳伦娜，然后他问劳伦娜想要什么奖。劳伦娜说，请她吃饭就是大奖了。乔布斯想了想，觉得劳伦娜非常不错，自己对她有感觉，就问劳伦娜现在就去吃饭好不好。劳伦娜答应了。两人在一个速食餐厅聊了 4 个小时，接下来两人度过了幸福的婚姻生活，直到乔布斯逝世。

结婚 20 周年的时候，乔布斯给劳伦娜写了一封情书。情书里有这样一段："20 年之前我们相知不多，我们跟着感觉走，你让我着迷得飞上了天。当我们在阿瓦尼举行婚礼时天在下雪。很多年过去了，有了孩子们，有美好的时候，有艰难的时候，但是从来没有糟糕的时候……我们依然在一起，我的双脚从未落回地面。"

这封情书写得非常棒，这像乔布斯吗？太不像了。看来爱情的确可以改造人，一改造就是 20 年。这也说明，劳伦娜对爱这门学问的理解绝对是专业级别的。那怎么去规划爱？怎么由一见钟情变成天长地久，让你爱的那个人爱你，20 年之前让他飞起来到现在还不落地？下面我们就来看一下这个专业的手法：五大空序定位，四大时序 kino。Kino 其实是一个组合的英文词，英文全称为 kinaesthetics，意为身体的接触和由此引发的情感感知过程，简单来说，就是"进挪"。

五大空序定位

首先我们看空序定位（见图 10）。我们要爱，要爱得幸福，爱得长久。我爱他，他也必须爱我。

第一，钻石定位。你像玫瑰，你想找的那个男人就像钻石。你的婚恋目标是什么样子的，你清楚吗？你能够给他画个图像吗？有人说很简单，高富帅。但是"高富帅"并不是一个正确的标准，下文我们会讲到选择男人的六维标准。

第二，玫瑰定位。玫瑰定位指的是女人和男人在什么相对势位上去谈这场恋爱。是在最狼狈的时候和他谈恋爱呢？还是在最美的时候遇到他？这个非常重要。一个女人在任何时候都应该是美丽的，因为你很可能在不经意间就会和你的乔布斯邂逅了，而一见钟情就从那里开始。

当然，人在最辉煌的时候遇见对的人的机会更多，比如乔布斯，

需求
（关键需求明确）

玫瑰
（相对势位）

理念
（四观契合）

钻石
（婚恋目标）

能力
（核心能力契合）

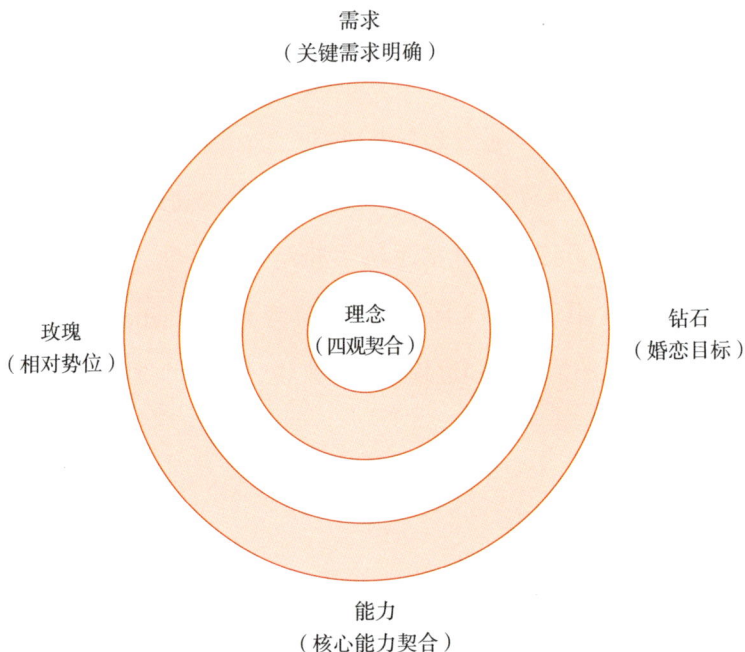

图 10　五大空序定位

他的势位很高的时候，追求他的人就会很多。你的势位很高的时候，比如你在一个社群里出类拔萃，是社群的领袖、核心成员，追求你的人也会更多。所以势位一旦定了，两个人定位配得上，那么就有了恋爱的可能。

第三，需求定位。前文讲了，男人需要四种爱，那哪一种爱是他的最爱？哪一种爱他最缺乏？你必须弄清楚，知道他的关键需求，然后和他的关键需求相对应。

第四，能力定位。你有很多能力，但跟他的关键需求没对应上，那这些能力就叫一般能力。核心能力就是满足他关键需求的能力。商业中的逻辑也是这样，客户定位准了，我们才好面对客户进行发挥。自我定位也是要讲关键需求和核心能力的匹配的。

第五，理念定位。这个定位处在核心位置。两个人的世界观、价值观、人生观和爱情观四观契合才行。这个核心理念代表了我们的初心、我们的愿景。如果理念偏了，男人认可我养你，女人也认可自己可以被包养，这不行。如果理念不合，男人认为女人就应该做自己的附属品，女人认为自己应该独立成长，这也不行。"三观"合了可以做战友，可以做事业伙伴，但是爱情观不合，就没办法把爱情进行到底。这是双方感情破裂的一个最基本原因。

四大时序 kino

为什么有的课听的时候觉得听得特别明白，但回去之后就是不会做？因为怎么做不是基于空序的，而是基于时序的。做事必须一步一步来。这就有一个时间顺序问题。能够开窍的东西，是空序结构来解决的；能够落地的东西，是时序结构来解决的。

四大时序 kino 分为四个步骤。第一步，视觉 kino。视觉 kino 是指，我的眼里只有你。第二步，听觉 kino。从"我的眼里只有你"到"说你说我"。听觉让彼此近了一步。第三步，触觉 kino。你牵着我的手，我牵着你的手，两个人关系又近一步。第四步，身心 kino。牵手能不能牵到底，看两个人是不是心相连（见图 11）。

视觉 kino——我的眼里只有你

↓

听觉 kino——说你说我

↓

触觉 kino——我们手牵手

↓

身心 kino——我们心相连

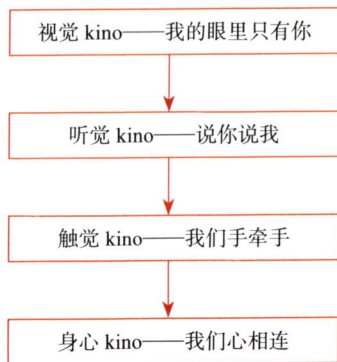

图 11 四大时序 kino

到底有没有一见钟情呢？我们在小说里读过，在电影里看过，也听人家讲过。明确地说有，真有一见钟情。只不过通常人们都把它看作偶然。

美国著名的感情问题专家莉尔·朗兹写过一本书《如何让你爱的人爱上你》，讲到研究者花费了 2000 多个小时坐在单身酒吧，认真观察男女在求偶过程中的每一个细节，发现了男女情感发展的规律。书中把这个规律当成舞步，就像跳舞一样，在恋爱过程中舞步全都对了才行。你进我退，我退你进，我左转，你右转，一步一步都做对了，就可以上演一场一见钟情的好戏。如果其中任何一个人的任何一步走错了，那恋爱游戏就会 game over（结束），然后再从头再来。有些人就是踩不上这个点，没办法进行下去。

恋爱是双人舞，舞盲就是小白鼠。生命有限，做小白鼠一次两次还行，时间长了，就人老珠黄了。

我们通过四步进挪来看一下一见钟情是如何实现的。

第一步，视觉kino。一见钟情起步于见，当男女处于可见距离的时候，其中一位会以微笑、点头或者注视的方式，让另一位知道他的存在。同样，另一个人也会回馈以同样的视觉方式，这一步就算做完了。你对我点头，我对你点头；你对我微笑，我对你微笑；你对我注视，我对你注视。要注意的是，这个时候别停下来，停了关系就要重新建立。一定要马上过渡到下一步。

第二步，听觉kino。要说话，哪怕是简简单单地说个"你好"都可以。如果在打招呼的过程中，双方都有转身，并且微笑，就可以加分了。微笑是非语言的信号。一个人说了："你好，我是×××，请问你贵姓？"如果对方拒绝回答这个问题，这舞步就跳不下去了；如果对方回答了，就可以谈下去。谈来谈去，就谈得比较投机了。

第三步，触觉kino。可以发生身体的触碰。如果说视觉的信号强度是3，听觉的信号强度是5，那身体接触的信号强度可以达到10以上。也就是，轻轻一触，电流导入。当男士把纸巾递给女士的时候，轻触女士的手的时候，扶女士起身的时候，掸掸女士外套上的灰尘（注意，这是轻轻的，不是重重的，轻轻的就是情人，重重的就是哥们儿）的时候，女士对这些轻微触碰如何回应，就决定了两个人接下来能不能互动下去。如果女士变得僵硬或者躲开了，男士就感知到一个拒绝的信号。那么关系或者就此止步，或者还得从视觉kino再来过。其实男女之间经常有这个误会，有的时候只是紧张，不是拒绝，但通常会被理解为拒绝，这就是为什么很多男女关系始终没有进展的原因所在：没有发生身体的接触。

　　如果在这个阶段上又出现了一个良性的信号，就是双方同步，比如两个人同时去拿桌子上的杯子，两个人同时随着音乐点头或晃动身体，或者两个人同时转向服务员，甚至相视一笑，这个时候关系就会不断接近。也就是：同步一旦出现，同心随之而来。

　　第四步，身心 kino。两个人心连着心。两个人如果一见倾心，最好的应对方法是什么？就是袒露真心。每个人都有最柔弱的地方，都藏着一些秘密，暴露给外人是要冒风险的，而一旦愿意分享不为人知的悲喜苦乐，那就是一见如故，相见恨晚，两人会产生一种亲密感。真心被接受，倾心就不远了。

　　在费雯·丽和罗伯特·泰勒主演的经典影片《魂断蓝桥》里，我们就可以看到男女之间是怎么样四步进挪的。

　　1914 年第一次世界大战期间，英国青年军官上尉罗伊·克罗宁正站在滑铁卢桥头上。空袭警报响了，人们慌乱地向防空洞跑去。在嘈杂的人群中，几个女孩来到了桥头，问罗伊是不是空袭警报，罗伊回答是，并给她们指了指防空洞的方向。在慌乱中，女孩之一的玛拉手里的东西掉了，于是她蹲下去捡东西，罗伊也蹲下去帮她捡。罗伊让她赶紧走，但是玛拉的吉祥符掉得比较远，伸手去捡的时候，一辆马车驶过来，眼看要撞到她了，罗伊一把把她揽起来，说："你这个小傻瓜，不想活了？"玛拉说："不能丢这儿，它带给我运气。"罗伊带着她跑，说："它带给你空袭。"玛拉边跑边问："你揽着我跑，你太不像军人了吧。"罗伊说："没关系。"

防空洞里人很多、很吵，外面还不断传来爆炸声。两人一边听别人说话，一边看对方，然后彼此相视一笑。人群拥挤起来，罗伊撞到了玛拉身上，跟她说对不起。玛拉还开玩笑说："很挤，是吧。"这时一颗炮弹又响了，防空洞里一亮一暗的，玛拉又开玩笑地说："嗯，这颗扔得很近。"罗伊说靠墙边人好像少一点，建议两人挤过去。玛拉同意了。在挤的过程中，很自然地又有肢体接触。

到墙边之后，罗伊想要抽烟，就问玛拉是否在意，玛拉说不在意。罗伊问玛拉是否抽烟，玛拉急忙摆手。然后罗伊开始问起玛拉的身份，两人聊起了芭蕾舞和战争。玛拉小小地吹嘘自己的专业舞蹈动作，罗伊表示很欣赏。玛拉说自己今天晚上就有表演，罗伊说自己明天就要去法国。警报解除之后，两人边聊边往外走。这里双方已经产生了好感。分别的时候，玛拉把自己的吉祥符给了罗伊。

罗伊大为感动，接下来，罗伊把自己和上司的约会推掉，去看玛拉的芭蕾舞了。

他们俩的四步进挪可以说非常明显。先是在桥头遇见，问话，回答；然后帮忙捡东西，有肢体接触。玛拉并没有排斥这种接触，还跟他开玩笑，说跑起来是不是不太像军人。到了防空洞里之后，这种进挪又来了一遍，更加深了彼此的好感。

所以说，爱情是个技术活。

我在课堂上常被问起的一个问题是：女人在感情上应该主动还是被动？我通常会反问：要看你是做猎物还是做猎手？做猎物，就甘做命运之靶；而做猎手，就掌握命运之枪。

爱是不断创造一个新我

女性怎样保持自己的魅力？爱自己。爱自己不是始终不变，而是不断创造一个新我。如何创造呢？

第一，延缓。延缓是什么？珍爱自己。很多女人一旦结了婚就不爱自己了。她们爱先生，爱孩子，把身心全都放到家庭上，以为已经找到了丈夫，就是进入了安全地带，结果危机不请自来。

那怎么爱自己呢？首先，视自己如婴孩，也就是说，怎么爱孩子就怎么爱自己。如果有人欺负孩子，母亲会不高兴，会跟那人拼命。但她们被欺负了，却忍了。忍是一种最不好的行为。被欺负了，应该去解决问题，解决问题就要沟通，沟通需要技巧。当然这些内容我们会在后文详细介绍。其次，视自己如父母。面对父母，我们会让着他们，会关怀他们，把自己当成父母一样去对待吧。

第二，由硬到软。婴儿出生的时候是特别柔软的，越长大越硬，离开人世的时候更是直挺挺的。由于社会角色，我们也会让自己越来越硬，让自己坚强起来，这是很正常的，但是坚强不是逞强，不是一味刚强。我们其实也是有着柔软内心的普通人，可以用柔韧的姿态应对这个世界。

第三，由冷变暖。年龄越长，人就变得越理性、越冷酷，对男人和女人来说，这都是致命的问题。人对别人表达出来的温度和人的生理温度是一样的。日本长崎大学医学博士石原结实指出，人体体温保持在 36.5~37℃时，身体的各项功能最为活跃。体温下降 1℃，代谢率就会下降约 12%，免疫力也会下降 30% 左右。很多时候，人太冷了，心也跟着越来越冷。而且冷是可以循环影响的，我冷淡你，你冷淡我。我们要做的就是，让自己暖起来，把这个循环逆转过来，变成由冷到暖。

慧眼之爱篇

Love　　　Quotient

婚恋六合，选中幸运之马

　　获第 92 届奥斯卡金像奖最佳影片提名的《婚姻故事》这部电影，讲述了戏剧导演查理和女演员妮可因为理念不合导致彼此渐行渐远，最终两人决定离婚的故事。

　　这对夫妇，外人看来特别好。彼此对对方的评价其实也不错。丈夫评价妻子，说她平易近人，擅长照顾别人的情绪，待人有礼貌。妻子总是忘记关闭橱柜的门，却能给一家人剪头发。而且她是他最喜欢的女演员，演技非常棒，成就了他这个一直没有出名的导演。

　　作为妻子的妮可，评价丈夫冷静且无所畏惧，但过于执着，工作井井有条，考虑周全，却总是沉浸自我。虽然冷静，却不善于社交。丈夫是自己最钦佩的导演。

　　在戏剧事业这方面，两人合作非常愉快，但家庭琐事这把杀猪刀，让一对恩爱的夫妻离婚了。

日常琐事是怎样影响他们的关系的？在你的生活中是不是也经常会发生这样的事情？很多人说夫妻"床头吵架床尾和"，其实不是这样，情绪日积月累，总会有一天全面爆发。

夫妻矛盾的根源：大小"三观"不合

夫妻之间本来很恩爱，但是在一起之后发现，越了解越走不到一起，这是为什么呢？

我们看一下图12，先看左边的"三观"，这叫大"三观"。通常我们说"三观"不正，指的就是世界观、价值观、人生观这"三观"出现了问题。世界观就是对世界的看法，价值观就是我们衡量是非曲直，衡量有没有价值的一个尺度，人生观就是对人生的基本看法。那爱情观和这"三观"是什么关系呢？其实，这"三观"作为基础，形成了爱情观。而正确的爱情观又包括三点，我叫它小"三观"。

世界观
价值观
人生观

择偶观

爱情观

金钱观　　情趣观

图12　大"三观"与小"三观"

第一个是择偶观。我要找一个什么样的男人或者女人？我们通常都说找一个好男人或者一个好女人。那好男人和好女人都有什么标准？没有标准的话，就是瞎猜。最后猜来猜去，标准不对或者不清晰，结果错过了男神女神，迎来了渣男渣女。

第二个是金钱观。也就是双方怎样对待钱财？这一点很重要。爱情好有一比，像诗；婚姻也好有一比，像应用文。应用文和诗不一样，要落地，不能把诗当成应用文。光谈情说爱不行，应用文还会和物质发生关系。爱的小船到婚姻里就变成了一艘载重船，要承载物质。

所以要先了解双方怎么看待钱财这个问题。比如钱有多重要；钱是否重要过两人之间的情感；如果赚到了钱，怎么分配，怎么花；如果家里亏钱了，怎么处理；等等。这些都要有一致的观点，否则就会发生纠纷。有很多政治、商业的联姻，一方借另一方的势力、财力，走向仕途，走向商场，其实就是为钱、为势而结成的婚姻，这种叫利益夫妻。利益夫妻没有情感维系，关系一般也很难稳固。

第三个是情趣观。很多离婚案例都是由小事引起的。这些小事包括了什么，怎样让双方对待小事的观点一致，其实都可以归到情趣观。比如两人都觉得健康重要，都喜欢旅游，都爱好读书，都愿意多交友，这就很一致。如果你爱读书，我爱交友；你爱出去旅游，我愿意宅着；你特别喜欢看足球比赛，我喜欢看肥皂剧，那可能就会不断产生冲突。

遇到这些问题怎么办？两个人要主动向对方靠拢。我在完成我的情趣的时候，也能够照顾到你的情趣。如果你原来不理解爱人的情趣，觉得没意思，其实可以尝试一下，说不定就能发现新的乐趣。即使最终还是不喜欢对方的情趣，但是在尝试的过程中，二人的感情也会越来越亲密。

如果以上小"三观"相合，夫妻的矛盾从根本上就减少了。

婚恋六合

那女人到底应该找什么样的男人？爱商告诉我们，要找符合六条标准的男人。这六条标准加起来也叫"婚恋六合"（见图 13）。

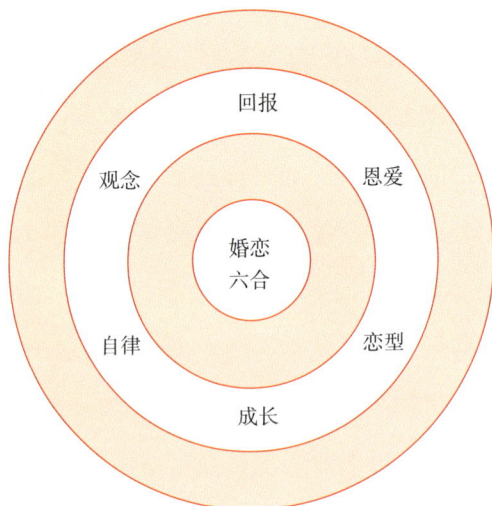

图 13　婚恋六合

第一条标准是回报。我们付出了爱，同样需要唤回这种爱，需要别人的爱。如果你付出爱，别人不给你爱，那就是没有回报。所以这条标准是指爱情的回报率，也就是看回报指数，是否值得你投入。这点如何判断？可以看一看他的过往表现，看他有没有回报帮助他的人。

在还不了解他的时候，可以通过聊天，问问谁曾经帮助过他，他回报过谁？如果他有感恩之心，往往会讲出他是怎么回报别人的；如果他没有感恩之心，会讲不出来，甚至还会说，他这辈子就没遇到过贵人，遇到的都是小人。要特别注意，不断遇到小人的人，身上可能有"招小人"这种特质。而且往往说这种话的人是从来不会感谢别人的，总是恨别人。这种人已经中了爱毒。

不要以为他不回报别人，会回报你，因为他爱你。这种人既然不能回报别人，从来都是占了别人的便宜就跑，也是不会回报你的。

其实感情也是一个投资的过程，如果只是"剃头挑子一头热"，最后热的那一头也得凉。

第二条标准是成长。你在嫁给他的时候，他处于人生中的什么状态？是向上还是向下？比如他那个时候恰好已经走到高点，接下来是往低点去，不会再成长，你们当时是合适的，接下来你会往上发展，他还是原地踏步，或者一直往下发展，两人就会渐行渐远。所以要看他的成长指数。

成长指数也很容易观察。不爱学习的人到了一定程度，比如事业有小成，就不再努力了，或者小富即安，慢慢地就会怎样上来又怎样回去。一个不断成长的人肯定是不断学习的人，他会不断地汲取新知识、新营养。如果不能吸收新的营养，无论是男人还是女人，都会慢慢变得面目可憎、语言乏味，就会被淘汰。和这样的人在一起，将来就算将就他，依赖他，他也是靠不住的。所以需要找到能够不断成长的人。

第三条标准是观念。"三观"要一致。不仅世界观、价值观、人生观要一致，择偶观、金钱观、情趣观也要一致。也就是要注意对方的观念指数。

第四条标准是恋型。恋爱是有类型的，你的类型是a，我的类型是b，两个类型正好相配，就是最棒的恋型。恋型指数要一致才行。两个人有矛盾，有的时候就是因为恋型不一致。有时候我们会听人说性格不一致，其实那就是恋型不一致。有的人在外面性格也不错，很受大家欢迎，但就是跟另一半矛盾很多，可能就是因为两个人的恋型不一致。

第五条标准是自律。一个人自不自律是很重要的。需要靠别人管、不能自律的人，不是好伙伴。万恶起于不自律，几乎世界上所有的坏事都起源于不自律。

遇事不反省自己，总是指责别人，也不行。家里遇到点事，男的就说："老婆，这是你的问题。"女的说："行了吧，老公，这事就是你的问题。""我娶了你，我算瞎了眼了。""我嫁了你，我算倒了八辈子霉了。"

不知道反省自己，也不自律，放纵自己，就会堕落到动物性，怎么舒服怎么来。能够约束自己，才有了人性。而能够约束自己到一定的程度，甚至把约束自己当成一种乐趣和习惯，那就有了神性。

第六条标准是恩爱。恩爱在这里指知道爱别人，就是能够给别人温暖，一事当前先替对方着想。这个跟自律正好是一体两面，一个是要求自己自律，一个是关爱别人。动物性是不关心别人，只关心自己；人性是反省自己，关爱别人。

爱是一切善事的起源，万恶起于不自律，百善生于爱及人。自律和关爱都有了，这个人不会坏到哪里去。

学了"爱商"课程的人，自己会变得越来越柔和，不再苛刻地要求别人，对别人关爱有加，会让别人如沐春风，这是一切关系的基础。这六条标准也可以作为交朋友的标准，作为寻找合作伙伴的标准。

我们和爱情伴侣的标准差在哪里，有一个简单的测试办法，就是画出来两条线。实线代表女士，虚线代表男士。（见图14）自己逐项打完分之后，就知道问题出在哪里，差距在哪里了。

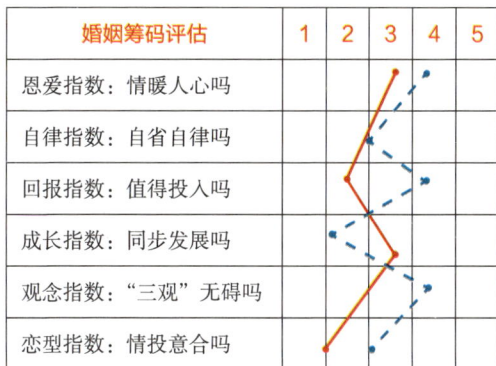

婚姻筹码评估	1	2	3	4	5
恩爱指数：情暖人心吗					
自律指数：自省自律吗					
回报指数：值得投入吗					
成长指数：同步发展吗					
观念指数："三观"无碍吗					
恋型指数：情投意合吗					

图 14 婚姻筹码评估测试

我们找的，也不一定是每一项分数都特别高的人，而是适合自己的人。我们要找的不是那匹千里马，不是那匹汗血宝马，而是一匹适合自己的马。这六条标准合了，才能百年好合。

识别渣男，维护情感安全

　　柳州女孩黄某祯和谭某正谈了恋爱，谭的性格很糟糕。两个人经常发生冲突，闹矛盾，后来女方要分手，但是男方死活不同意。2016年7月9日，谭某正找到小祯的父亲黄某生，说找不着小祯，能不能打电话让她跟自己见面？黄某生说："她不和你见面，我有什么办法？你们既然不好就分开嘛。"谭不走，在黄家纠缠，他认为是黄某生促成了分手这件事。从上午一直待到下午四点多钟还没见到黄某祯，他就暴怒，杀了黄某生，并对其尸体进行了肢解。后来，谭某正自杀，没有成功，被送到医院去，之后被警方逮捕。

有一首歌唱到"只是因为在人群中多看了你一眼"，黄某祯的案例，可以叫"只是因为在人群中错看了你一眼，从此就越过越惨"。招惹了这样的兽性男友，那就不但是恋爱婚姻的问题，而且是生命安全的问题。

那如何防范渣男？怎么去识别渣男？这都是女性需要去学习的。这是女性进入爱情，进入婚姻的一个前提。如果识人不清，找了渣男，结果就会很难收拾。女方即使发现对方是渣男，想要分开，他也会死缠烂打，如果女方还留有余情，那就会被一直纠缠下去。所以在最开始的时候，女性就通过识别或防范渣男来保证自己安全。

四种渣男类型

渣男一般有四种类型（见图 15）。

第一种类型叫暴力渣。谭某正就属于暴力渣。这类人不会用讲道理的方法解决问题，他们要么动拳头，要么动刀子。蛮力依赖者、不讲道理者，是渣男的典型标志。

第二种类型叫搏命渣。搏命是以死威胁，你要是不嫁给我，要是不和我好了，不是你死就是我死。

第三种类型叫负心渣。负心渣专门玩弄女性，根本不尊重感情。负心渣男的典型，就是胡兰成。

胡兰成一生八次婚娶，更有无数暧昧和一夜情对象。18 岁娶了第

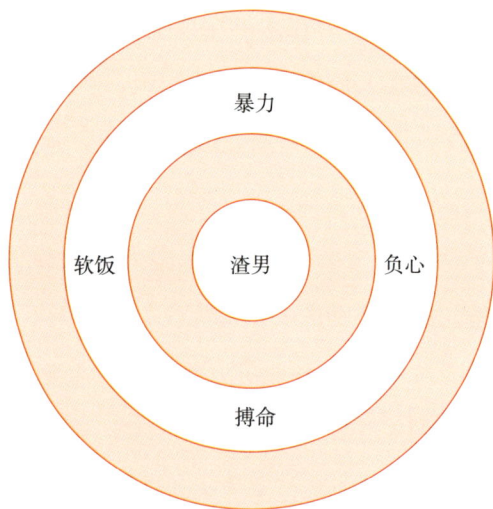

图 15　四种渣男类型

一任妻子，玉凤。他当时对婚事很满意，说："千万年里，千万人之中，只有这个少年便是他，只有这个女子便是她，所以夫妻是姻缘。"

可是，等到玉凤过了门，他开始嫌弃她。从外地工作回来时，孩子已周岁了，玉凤将怀中的孩子递给他，一边欢喜不已，一边柔声说："爹爹回来了！"胡兰成在《今生今世》一文中写道："好生不惯，而且不喜，惟因见玉凤那样得意，我才不得不抱一抱，马上就还了她。"玉凤死时，儿子阿启年仅4岁。

第二任妻子是全慧文，生了两男两女，后来得了精神病。第三任妻子名叫应英娣，生了两男两女之后也得了精神病死去。可见这些痴情女人经历了多少委屈与伤心。

广为人知的，就是胡兰成与张爱玲的倾城之恋了。张爱玲当时写了一部小说《封锁》被他看到了。他迫切想要见到张爱玲，一睹才女风采。但张爱玲自闭成癖，不想见客。胡兰成从门下塞了一张纸条，写上了自己的姓名和地址，张爱玲居然给他回了电话，见面之后，张爱玲不知中了什么邪，给了胡兰成一张照片，背面写着："见了他，她变得很低很低。低到尘埃里。"

胡兰成得意地说："我已有妻室，她并不在意。再或我有许多女友，乃至携妓游玩，她亦不会吃醋。"

后来胡兰成逼迫应英娣离婚，与张爱玲结婚了。两人写了婚书，一共四句：

胡兰成张爱玲签订终身，结为夫妇，愿使岁月静好，现世安稳。

上两句是张爱玲撰的，后两句胡兰成撰。

结果是：岁月不静好，现世不安稳。因为胡兰成不久就爱上了护士小周，张爱玲要他在自己和小周之间做选择，胡兰成不肯。

张爱玲问："你与我结婚时，婚帖上写现世安稳，你不给我安稳？"

张爱玲下决心与这个负心男结束关系。她写了一封信。她随信附上30万元，那是新作的全部稿费。这个渣男了得，最后还得到了张爱玲的柔情。

张爱玲说："因为懂得，所以慈悲。"

胡兰成却说："我与她亦不过像金童玉女，到底花开水流两无情。"

张爱玲是何等聪明之人，但是遇到这种渣男也栽了。

这种渣男的特点是什么？死缠烂打。赖汉能娶到仙女基本上都有这个特点。行话叫作头期、二期、三期、四期，把你搞定。头期搞不定，蹲在你家门口，继续不要脸地纠缠。女人开始感到特别厌恶，慢慢就会心软，开始想，哪有一个男人对我这么好过，所以就答应了，结果婚姻变成悲剧。

第四种类型叫软饭渣。软饭渣指的是吃软饭的男人。软饭渣的特征，就是把借助女人生存作为基本的谋生手段。

有这样一个案例，35 岁的王海在交友网站注册后，在与女性交往中，以过生日等虚假理由为由向对方索要礼物钱财。两年间有 8 名女性上当。王海骗取财物共计 46 万余元。

他就是利用了社交上的礼尚往来原则，先送给女士们知名品牌礼物，当然了，都是水货。比如认识丽芳后，王海提出要送给她一个普拉达的包作为定情信物，给她发送了与朋友商谈从香港代购包的聊天截图。随后，王海对丽芳表示："我都给你送包了，你是不是也应该送我点礼物做定情信物？"丽芳想想也有道理，要送他一个挂坠，王海立即回应："你觉得像我这种人会戴项链之类的东西吗？""我 3 月 12 日生日，你就送我个欧米茄的手表吧！"随后王海主动发给她价值 7 万多元的欧米茄手表的图片，并表示：这块表作为生日礼物，以后结婚时的礼物就不用买了。丽芳说手里没有那么多钱，就先给了他 2 万元。王海吃定了她，立即以分手要挟，丽芳为了感情就同意了。

我们可以肯定地说，如果一个男人总向女人索要钱财，百分之百是渣男，不用抱有幻想。这些人心特别硬，他是在和你打心理战，就是为了让你有点幻想。

四大方法识别渣男

智商不差，情商也不差，掉进爱情陷阱里的"猎物"，都是因为缺乏识别力。

那我们怎么识别渣男？可以通过听其言，观其行，识其友和品其性四种方法来识别。表2上半段可做观察品评，下半段是验证。把识别渣男技术化，工具化，这就是爱商领导力的一个特点，可以维护情感安全。

表2 防渣评价系统表

防渣评价系统	1	2	3	4	5
暴力渣：蛮力依赖					
搏命渣：以死相胁					
负心渣：轻言寡诺					
软饭渣：不思进取					
听其言：甜蜜谎言					
观其行：避实就虚					
识其友：良师益友					
品其性：自爱爱人					

第一种方法，听其言。就是看他怎样说话。一般来讲，像这些渣男，为什么会接触到一些比较优秀的女性？因为他对人好的时候，是真好，特别会来事儿，会说甜言蜜语，但都是假言假语。

第二种方法，观其行。比如他说爱你，但从来不动真格的，甚至连顿饭他都不请。为什么？他本身就有可能是来蹭饭的。

第三种方法，识其友。如果用第一种和第二种方法都没识别出来，可以通过第三种方法"识其友"来判断，基本上一判断一个准儿。识其友就是看他有什么样的朋友。好男人都有好朋友，这是肯定的，有良师益友在他身旁，这个人也坏不到哪儿去。但是渣男基本上没朋友。你问他的朋友，他从来不给你介绍，甚至连家人都不让你见，这就非常可疑。

第四种方法，品其性。即看这个人是不是自爱，是不是爱别人。能够自爱自律，能够爱别人，基本上可以判定其是好男人。

渣男的特点：自我的 B 面是自毁

有一些人以自我为中心，一切以自己的好恶为准。至于别人喜欢什么，想什么，他都不管。我想要我就去要，我必须要，不管是谁的东西，只要我想要我就要拿来。

比如追星的杨丽娟，她从 16 岁开始痴迷刘德华，一定要和刘德华搭上关系。为此家里卖了房子，父亲卖了肾，供她去追星。后来她和刘德华见面了，但是她父亲对刘德华大为不满，认为我女儿追你这么长时间，你也太没良心了，你见了她，没有好好待她，对她也不热情。

杨丽娟的父亲还因为这件事投海自杀，他不怪自己的女儿，反而怪刘德华。

如果你真想追上刘德华，必须知道自己是谁，与刘德华是不是般配。你和人家差得太远，可你不自察，那你就太过自我了，自我的另一面就是自毁。

有些女人总抱怨自己命运不公，其实，遇见男神，或者遇见渣男，都是遇见自己！

还有一种人，非常自主。自主的另一面其实是自强。什么意思？我们看董竹君的例子。

董竹君 13 岁那年，因为父亲病倒，她沦落青楼，遇到了革命党人夏之时。因为他到上海办事，为避人耳目，经常出入青楼会谈，一来二去就认识了董竹君。董竹君也为夏之时的风度所折服，两人日久生情。

但问题是，一个青楼歌妓是否攀得起爱国人士。董竹君想得很清楚，夫妻之间只有人格平等才有幸福可言。夏之时要赎她出青楼，和她结婚。董竹君说不用他赎，否则将来有一天他会说，"你是我买来的"。她自己想办法从青楼脱身。结婚之前，她与夏之时约法三章：第一，我不可以做小老婆；第二，我和你共同治家；第三，我要到日本去留学，因为我的学识不够，将来和你走不到一起去。多少和她一样懵懵懂懂的女人自甘沦落的时候，她抓住了上天给她的这个机会。

从日本回来之后，夏之时做了四川都督。1919 年，夏之时在四川派系斗争中错跟了人，被解除了公职。于是他吸食鸦片，脾气越来越坏，对董竹君也不好，经常会怪她的出身。董竹君生了四个女儿一个儿子，女儿和男同学去玩，他也骂女儿，说她们跟妈妈一样，教养不好。1929年董竹君提出离婚,夏之时不同意,说给她5年时间,看她能不能混出个模样来。

与这样的男人相处,两个最常用又最没用的办法:一是讲道理;二是发脾气。

董竹君什么都没说,自己出来做事。得贵人相助,创办了锦江小菜。这个川菜馆做得相当不俗,装修很好,味道也很好,上海的军政大员都喜欢去,连黄金荣、杜月笙也捧场。锦江小菜就是后来捐献给国家的锦江饭店。董竹君后来当选全国政协委员,受到周恩来总理的亲切接见。

想改变命运,可以学学"爱商"课程,提升自己的能力。虽然你不是公主,但是如果你抬起高贵的头,命运就会把你的王冠献上。

有的人说,来日方长,我为什么要现在着急去学"爱商"课程呢?我现在有生意要做,有家庭要管。

但其实来日并不方长,我们已经浪费了大量的时间。图16列出了大家的生命使用说明书。可以参考一下,提高紧迫感。

假如你寿命是80岁,按一年365天计算,一共能活29200天。其中睡觉按20年计算,这已经算少的了,因为人一般一天睡眠8小时,占1/3的时间。这里我们按占1/4的时间计算,即7300天。学习时间按16年计算,5840天。吃饭按6年计算,即2190天。穿衣、梳洗、上班按10年计算,即3650天。生病或倦怠7年,即2555天。休闲、娱乐、交际11年,即4015天。只剩下10年,3650天。

寿命 80 岁，总计 29200 天，一生用途：

图 16　生命使用说明书

　　所以学习要趁早，越早学习越好，且要活到老、学到老。每活一天都要是充实的一天。你来到这个世界上，如果只是老老实实地活着，跟没来过差不多。生命必须是用来燃烧的，要不然，窝窝囊囊活一生，不仅自己活得不漂亮，世界也没被照亮。

恋型适配，预见婚姻走向

　　小于是一个上得厅堂、下得厨房的女人，大郝下了很大功夫追求她。两人结婚后，大郝对小于无微不至，可就是有点关爱过度。小于下班晚了几分钟，他就要刨根问底，问她跟谁在一起。而且他经常到小于单位去"监视"。他的口头禅是："我已经活得没有自我了，你就是我生命的全部。"

　　有一天小于有事下班晚了点回家，第二天大郝就去单位接人了。还跟小于单位的领导吵了一架，让小于颜面尽失，回到家两人大吵一架。

　　接下来单位派小于到上海分公司培训10天，大郝每天都至少打三个电话给小于。因为培训紧张，有时小于接电话不及时，大郝居然从广州飞到上海，还买了99朵玫瑰带到课堂上。他后来承认，这是借机侦查。这件事弄得单位风言风语，两人心里也都落下了阴影。小于对大郝的态度由热变冷。工作上很佛系的大郝，总是牵挂妻子，在家借酒浇愁。酒后的他更是牵挂，还经常偷看小于的手袋和手机。

　　面对让人窒息的关心，小于越来越受不了，提出了离婚。大郝很不明白：我对你那么好，你不领情就算了，为什么还要和我离婚？

在婚恋关系中，我们经常会遇到这样的问题：真心对他好，他却不领情；两个人结婚前恩恩爱爱，可到了一起过日子时就变成了冤家或者别别扭扭的。

我们很多时候把这些情况叫作性格不合。其实这是外行话。我们跟单位的人在一起，跟朋友在一起，未必性格都合，那为什么还可以友好相处呢？其实，相爱的人在一起，不是一般的性格问题，而是恋爱的类型问题。双方恋爱的类型不一样，就爱不到一起去，相爱之后反而受伤。

恋爱的四种类型

那恋爱的类型有几种呢？具体来说，有四种（见图 17）。

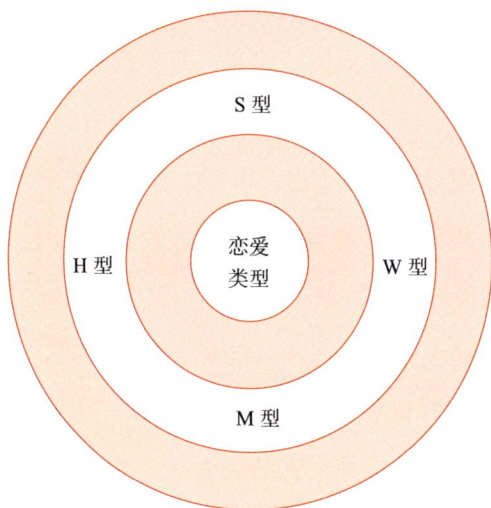

图 17　恋爱的四种类型

第一种，S型。S就是Sun，太阳型。这个类型的人像太阳一样放射光芒，不管你接受还是不接受，他就是一定要爱你。这个爱，有的时候太极端了，会让人窒息。如果做得不极端，只是放射温暖，不求回报地关心别人，爱别人，那是一件非常好的事情。其实我们的老爸老妈，尤其是老妈，经常扮演这个角色，事事想得周到，不管你接不接受，领不领情，就是一直爱你，不求回报。结果很多孩子经常说："老妈你别管我了，好不好？"

第二种，M型。M就是Moon，月亮型。这种人跟S型的人刚好相反，他们极端地需要爱，得到多少爱他们都不满足。有些心理学方面的理论认为，原生家庭就缺爱的人，他怎么都感觉得到的爱不够。由于过去没有人关心他，这时如果有一个人爱他、关心他，他就会像特别冷的人，突然遇到了一个温暖的人，感觉非常舒适。

这种人只会像月亮一样吸收温暖，不会自主放射光芒，他们不会去关爱别人，总让别人爱他们。但是，月亮型和太阳型放到一起就成了绝配。

第三种，H型。H就是Hill，山型，像山峰一样独立。这种人躲避爱，很享受自我独立的状态。如果对方爱他过头了，他就会选择躲避。这种类型通常男性比较多。

在《男人来自火星，女人来自金星》这本书里，我们就会看到这个现象。男人很多时候就是这样，他很孤僻，你爱他，他会躲起来，向后退，不太容易保持这种亲密的关系，总想要和你保持距离。你向前走，他就向后退，最后被逼到墙角了，他会拒绝你的爱。所以这种类型的人最容易出现的问题是：你越爱他，他越躲你。如果两口子吵起来，对方说："你必须回答我的问题，你不回答我的问题不行。"他这时候就会采取防卫的姿态了。无论怎么逼他，他都会后退，不会化解。

第四种，W 型。W 就是 Water，水型，就像水一样随和。水型的人基本上综合了前三种类型的特点，碰到什么样的型都合适。碰到太阳型的，你爱我多一点，可以；碰到月亮型的，你要求我爱你多一点，可以；碰到山型的，你让我和你保持距离，可以。这种类型的人特别好相处，但也不是完美的，因为他往往会失去自我，随着对方走。太过随和，也有问题。

如何跟不同恋型的人相处

我们怎么看这四种恋爱类型？如果你的另一半是一个太阳型的人，你可以欣然接受他的爱。这种人越付出，越高兴。反过来说，如果你的另一半是一个月亮型的人，那你就要小心了，你不多付出，不给他温暖、阳光的话，很快他就会枯萎。

如果另一半是山型，你一定要给他独处的机会。如果另一半是水型，那就很好处，怎么样都行，但是也要让他表现出自己的一些主张。

那我们如何判断自己是什么恋爱类型呢？可以在表 3 里打分，看自己到底哪种类型的比例大一些。

表3 四种不同恋型打分表

恋 型	1	2	3	4	5
S 像太阳一样放射 情感礼物：让他（她）关爱					
M 像月亮一样吸收 情感礼物：给他（她）关爱					
H 像山峰一样独立 情感礼物：给他（她）空间					
W 像流水一样随和 情感礼物：给他（她）引导					

但是仅仅自己打分还不行，因为很多时候自己认为的和别人认为的有很大差距。比如你觉得自己很温暖，但是别人觉得你不够温暖；你觉得自己做得恰到好处，别人却觉得你做得过了。所以最好让周围的人也帮你打一下分数。打分之后就会呈现出你的恋爱类型。

给自己做了自我分析之后，给另一半也做一个分析，看看你们是不是合适的类型，如果恰好都对得上了，那就是圆满的夫妻。基本上，太阳型配月亮型是最合适的，太阳型配山型就很麻烦。山型配水型还算可以。如果月亮型碰上了山型，山型的人躲避，孤僻，月亮型的人又需要爱，非常黏人，这肯定会出问题。

打完分之后，可以给对方送一份情感之礼。送什么呢？根据打分，靠线条左边的部分就是他最缺乏的，就送给他这些，满足他的关键需求。

面对太阳型的人，我们给他最好的情感礼物是什么呢？接受他的爱，承认他的爱。

面对月亮型的人，我们要给他关爱。

面对像山峰一样独立的人，我们一定要给他空间。有人问，给他空间，他不会离你越来越远吗？不会的。其实这些人一旦在自己的空间里完成了他想做的事，就会走出来，他有自己的节奏。女人每个月会有例假，男人也会有。男人的例假是情绪上的，某段时间会想要躲起来，不想说话。女人要理解男人的这种情绪例假。

面对像流水一样随和的人，我们可以引导他，让他去更舒服的地方流动，让他不委屈自己。

那有人说，如果经过分析之后，发现两人是不合适的类型，怎么办？两人不想分开，类型可以改吗？也可以改。但是改别人难，改别人得花十分的力，改自己稍微容易点，花五分力就行了。所以多从自己入手。别企图改造他人，人性特别难改造，几十年来养成的爱的类型短时间内很难改变。

比如女人是山型，非常独立，给人感觉很冷。男人是太阳型，非常热情。两人已经在一起了，要怎么办？

首先，男人也需要关爱。虽然山型的特点就是关爱不耐受，太阳型的人是关爱过度，不求回报，现在太阳型的人得不到山型的人的回报。但是太阳型的人真的不需要关爱吗？肯定不是。他也需要关爱，山型女人也可以反过来关爱他。

其次，山型女人要欣然接受太阳型男人的爱，越接受他的爱，他越高兴。

最后，山型女人可以向水型、太阳型转化。如果暂时做不到全部接纳他的爱，可以部分接受，但是要积极回应。假如发现他爱的方式不对，也别掖着藏着，先说出来。

夫妻关系是长久的，在谈恋爱的时候，他爱的方式过火了，你理解他这是因为想对你好，可以不去矫正他。但夫妻长期过日子总要舒服，如果你改不了自己的特性的话，就给对方一些空间。通常，过度关爱对方的人，没有别的更多的目标可以吸引他。他的目标全在对方身上，眼里只有对方，那种焦灼的爱，特别让人窒息。所以男人还得有正事，不仅要爱自己的妻子，还要爱自己的事业，形成平衡。没有正事的男人比有正事的男人更容易出轨，他会到别人身上去寻找在妻子身上寻找不到的东西。所以两个人都要做微调，要改进。既然已经在一起了，就都稍微改变一下，做到相处融洽。

要么迁就他，要么改造自己。迁就他就会委屈自己，改造他就会难为他。恩爱都是选择和驾驭的结果。在择偶方面选对了，尤其是恋型方面，选对了绝对比维持它容易。选对了恋型，然后用对的方法驾驭它，这就是爱商领导力的核心和关键。

其实这四种恋爱类型也不是绝对的。一个人有的时候有山型特征，有的时候有月亮型特征，也就是说，每个人身上其实都有这四种特征，不是绝对没有其中一种特征，只是比例不同。它会因时因人而变。比如，有一些人是特别温暖的，但是他对另外一些人就特别冷酷。如果有一些类型特征绝对没有，那这个人一般不正常。

总之，尽量不要互相改造，每个人先自己改造自己，解决自己的问题，是最好的办法。婚姻不仅仅是恋型的适配，还有其他的适配，比如品德的适配、大"三观"的适配、爱情小"三观"的适配等。

两个人能走到一起不容易，大家要彼此珍惜，如果遇到问题，先改变自己，连自己都不能改变，也不可能改变他人，更不可能改变世界。

魅力之爱篇

Love Quotient

四度修炼，成就女神气质

　　中国有两个"董姐"特别出名，一个是格力电器领导者董明珠，一个是中央电视台主持人董卿。董明珠和雷军对赌十亿元，非常霸气；董卿主持《中国诗词大会》，非常有才气，温文尔雅。她们都是很闪亮的女性，都非常有魅力和气质。

魅力和气质是从哪里来的？都是修炼出来的。那都要修炼什么呢？图 18 告诉我们要修炼"四个度"。

四度气质修炼

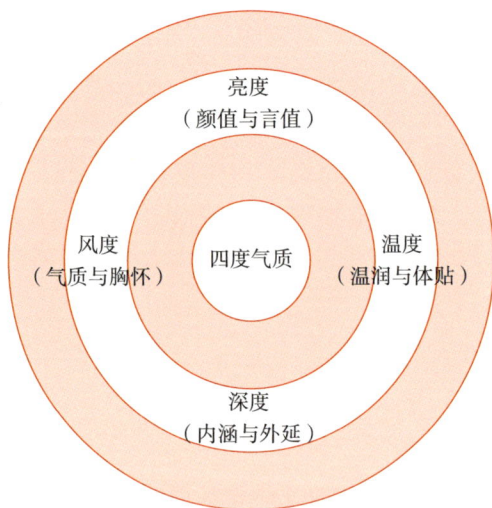

图 18　四度气质修炼

第一，亮度。亮度包括颜值和言值。颜值就是外在形象，言值就是沟通能力。一个人走过来的时候，让你眼睛为之一亮，这就说明她形象好。她一讲话，你觉得太赞了，心中又为之一亮，说明她言值也高。颜值和言值双高，她自然就是闪亮的。

第二，深度。亮度是在外表能够一眼看到的，深度是一个人的内涵和外延。内涵指的是一个人的思想、内心、品德，外延是通过内涵表现出来的对他人的态度。深度是支持亮度的，没有深度，亮度也不会持久，所以我们要修炼深度。

第三，风度。说到风度，大家就会想起"风度翩翩"这个词，但这只是风度的一方面，指一个人外在比较优秀。其实，风度指的是人表达出来的气场。有些人什么话都不说，就能表现出气定神闲的状态。有的人一看就觉得他很躁，动作行为都很躁。《论语》里说"君子之德风，小人之德草，草上之风必偃"，意思是，君子的德行就好比是风，小人的德行就好比是草，当风吹到草上面的时候，草就会跟着风的方向倒。风是主动的，草是被动的，所以风气定神闲。

内涵低的人遇到事会六神无主，甚至会相信世界末日来了。但是"世界末日来了"已经喊了 2000 年了，人类还是好好地存活在世界上，所以我们还是要气定神闲地好好过日子，该怎么办就怎么办。就像马丁·路德·金说的："即使明天是世界末日，我也要种下我的苹果树。"希望一定是要有的。从生下来我们就知道自己是要死的，那要在恐慌中度过一生吗？哪怕生命只剩最后一天，也要当人生第一天去过。

风度还指什么呢？还指我们的胸怀。男人要包容，女人也要包容。你不能包容一个人，其实就不能领导他；你不能包容一个人，就不会留住他。

就如上文大郝的案例中，大郝确实对小于好，但问题就在于，他的这种好只停留在物欲之爱，认为小于是他的，所以别人不能动，也不能看，他要到单位查岗。大郝的胸怀太小了。小于不是他的私有财产，而是一个独立的人，她被别人需要。她是有各种社交需要和活动的，大郝连这个胸怀都没有，肯定不行。

第四，**温度**。这里指温润与体贴。

温度一定要舒适。很多人温度过高，过于热情，甚至达到燥热的程度，会让人有压迫感。但是通常这些人自己不会察觉，他觉得自己温度正好的时候，可别人都快被烤焦了。所以，达到温润的程度刚好，要温润如春风，而不是做夏天正午的太阳。

体贴指的是知道体谅别人，原谅别人的错误。我们在一生中，夫妻相处、朋友相处，谁没有犯错的时候？犯了错误怎么办，自己错了自己改正，如果是别人错了就原谅他，给他改正的机会。儒家一直讲仁，基督教讲慈爱。给人好东西，给人关怀，都是仁慈，但最大的仁慈是当别人犯了错误，当别人伤害你的时候，你选择原谅他。不宽恕别人，不体贴别人，不温暖别人，别人怎么会温暖你呢？

人最大的勇敢不是去上战场打击敌人，而是承认自己的错误，去改变自己。因为人类的天性就是容易原谅自己，不容易宽恕别人。所以承认自己有错太不容易了，那是一种勇敢。

风度、亮度、深度、温度这四度，我们在很多人的身上都可以看到。那我们学习的榜样是董明珠，还是董卿？我觉得最现实的办法是，你可以看董明珠，看董卿，接着在自己的闺蜜群里去找最好的榜样，学习她们，然后超越她们。怎么完成这个超越呢？学习两个榜样甚至三个榜样的优点，把这些优点聚集到自己身上，就是我们超越别人的最佳的路径。

赞美技巧三十六阵

其实我们也不都是冷淡的人，很多时候别人感受不到我们的温暖，是因为我们不知道怎么表达温暖和爱。如果有一种方法，让人能很快学会表达爱与温暖，那就太好了。

这些年我一直在研究，发现了一个矩阵，叫赞美技巧三十六阵。只要按照这个矩阵去做，就会有三十六种表达爱的方法。无论是对爱人，对父母，还是对孩子，都适用。这个表特别简单，一看就明白，大家可以参考练习一下（见表4）。

表4　赞美技巧三十六阵

赞法 ＼ 赞点	其长	其细	其隐	其渴	其恰	其爱
直赞：用妙词或引言						
比赞：用事实或比较数据						
喻赞：用其他事物比喻						
感赞：用真切的感受						
反赞：用批评或劝阻						
曲赞：用第三方人或物						

这个矩阵里，横向叫赞点，就是你到底赞许他什么，你要称赞他哪些地方，即要赞到点子上。纵列叫赞法，就是你已经知道赞许的点了，然后选择以什么方法来点赞。

当我们有六个赞点，每个赞点又有六种方法可以选择的时候，就是有三十六种方法可以使用了。

　　第一，赞其长，即一定要赞许人的长处，别赞许到短处。有一些人喜欢瞎赞，比如结婚典礼上，通常都会说新娘漂亮，新郎风流倜傥。但是有些新郎真的不风流也不倜傥，甚至长得很丑，你去这样赞许他的时候，他可能会觉得你在挖苦他，还不得不苦笑配合你。或者人家长得矮，你偏要说他高大威猛。那你为什么不赞许他其他方面呢？比如说赞许他有智慧，有才华等。

　　第二，赞其细，就是要赞许到细节，赞许得具体。比如说张姐人特别好，是个好人，这就不具体。怎么叫具体？有一天某个电动设备没电了，当时谁都没办法解决，张姐把自己的电池拿来给装上了。就是一定要具体，要赞许到细节上，而不是笼统地说。

　　第三，赞其隐，就是别人都赞许了的内容你就别赞许了。你得发现这个人独有的特点。比如别人发现了他的热情，你要发现他的耐心；别人热情、耐心都发现了，你要发现他的大度。即要找到新的东西，找到别人看不到的地方。

　　第四，赞其渴，就是你要赞许到对方渴望被赞许的地方。比如，一个人很渴望别人说他聪明，你就要往这方面赞许。比如，一个聪明的人渴望的不是别人赞扬他聪明，而是赞扬他诚实和温暖，你就要往这个方面说。

　　第五，赞其恰，就是要恰如其分地赞许。有的时候赞许得过度了，会让别人觉得你不真诚，不实在。

　　第六，赞其爱。比如，有的时候你称赞他，他可能不一定特别欣喜，但是你称赞他妻子、儿子，或者他老爸、老妈，他可能就会有双倍的欣喜。比如："那天我看到你老爸，我才知道你为什么这样棒。"这就叫高明的称赞。

我们再看一下赞许有哪些方法。

第一个方法，直赞。直接去赞许，就是直接用语言去表达。比如"你笑的样子很迷人""你的眼睛很明亮"。

第二个方法，比赞。比赞就是用事实和比较数据去赞许。比如"我给你的暖度打分，普通人都是三分，你绝对是五分""在这么多人里，我突然就觉得咱们两个有缘"。

第三个方法，喻赞。就是用比喻的方法来赞美他人。比如说一个人特别雅静，可以说他好像上好的龙井茶。我给两位知名教授做主持的时候，就用了喻赞的方法。我说：女教授出口成章，像诗；男教授味道醇厚，像老酒。他们两个在对话，那就是你有好诗我有美酒。

第四个方法，感赞。感赞就是用自己真切的感受去赞扬别人。比如"我这一生最大的愿望就是能成为你"，比如"和你说话，就有如沐春风的感觉"。没有直接赞，只是说了自己的感受。

第五个方法，反赞。反赞就是通过批评去赞美。比如"你这人非常好，优点是人好，缺点是人太好"。这人爱干净，你可以说"优点是爱干净，缺点是太爱干净"。

第六个方法，曲赞。曲赞就是通过第三方来赞许，而不是当面称赞。这种赞许的效果会加倍。比如"张姐，我跟李姐在一起的时候，李姐对你赞赏备至"。

赞美真的是一件非常美好的事情，本节就以我写的一首小诗《让点赞成为一种习惯》来作为结语吧。

让点赞成为一种习惯，

有爱的人随手点赞，

无爱的人视而不见。

谁能让点赞成为一种习惯，

情就不会冷，爱就不会断。

烟花一笑，广结善缘；

甘露一滴，滋润心田。

都看到花开十里有好景，

却原来春风百里有点赞。

为自己点赞，瞬间来电；

为他人点赞，日行一善。

星星之火，你我彼此温暖；

举手之赞，人间春光无限。

聊天四式，实现同频沟通

小 A 博士毕业，理工男，现在做工程师，年薪百万，身高一米八左右，相貌堂堂。按说应该是很抢手的结婚对象，但是他一直单身。后来去相亲，说完基本情况，大家都很感兴趣，但是跟女性见面之后，一谈就崩。为什么？因为他不会说话。

介绍人问他找对象有什么标准。他说："我的标准就是能够操持家务，能够给我照顾孩子，能够给我做饭。首先要看生育孩子能力强不强，身体一定要壮。"

然后小 A 和某女士约在咖啡厅见面。他一上来就说："你找另一半，有什么条件，列出来我看一看。"女士说咱们先聊一聊，不着急说这个。小 A 说："你不着急我着急，如果你不聊这个，那咱们就别聊下去了。"

好不容易聊下来，女士就想聊点家常话，问他家里都有什么人，是什么情况。他说："别问我家人，你是嫁给我，不是我家人。不要跟我查户口。"

喝了咖啡，最后聊得不太好，他走的时候问："是你埋单，还是我埋单，还是 AA 制？"

小 A 就这样跟人谈崩了。因为他没有经过说话的训练。有人问，说话还要训练吗？我们经过写作文的训练、讲英语的训练，但很少经过说话的训练。"爱商"课程就要给大家这样的训练。

我们经常发现，有的人要么与人没话可说，这叫无聊；要么对亲人容易发火。这一幕很常见：

火苗姐下班回到家，看着老公和女儿在沙发上看电视，气就不打一处来："下班早不能做饭啊，嫁给你就没吃过现成的饭。""光知道看电视，这次才考了多少分，还不赶紧写作业去。""我真是上辈子欠你们的！"……整个晚上，这个家都是火苗姐的抱怨和摔打声。而老公和女儿躲在各自的卧室里，以沉默和无视来表达对抗。

现在想想，你是不是跟火苗姐一样，对客户耐心有加，对老板百依百顺，对亲人脾气暴躁？这是为什么？因为你很清楚，凡事都有风险：坏脾气给客户，就会丢掉订单；坏脾气给老板，就会被端掉饭碗。只有和亲人发火才比较安全。其实你不知道的是：在家里发火，才是最大的风险，那是给幸福埋下了定时炸弹，一旦引爆了炸弹，就是家败人散。如果有这样的问题怎么办？用"爱商四聊"拆除炸弹。

聊天六件事

聊天都聊什么？无非三对组合，一共六件事（见图 19）。

第一对，国事和家事。国事就是国家大事、公家的事。比如可以聊聊国家的经济形势、单位的发展情况等。家事，就是家长里短，比

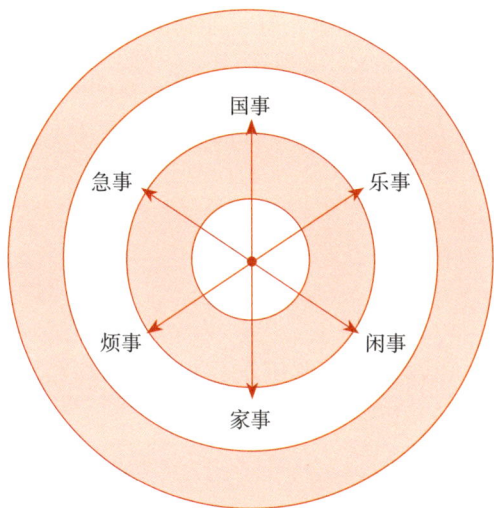

图 19　聊天六件事

如聊聊爸爸、妈妈、孩子、七大姑八大姨，去哪里度假，春节怎么过，等等。有聊国事的场合和气氛，也有聊家事的场合和气氛。为什么有时话不投机半句多？就是因为该聊国事的时候在聊家事，该聊家事的时候在聊国事。

第二对，急事和闲事。急事有急事的聊法，闲事有闲事的聊法。急事就要直入主题，节奏很快，闲事则可以散漫开去。两个人要同频共振的话，就要知道现在聊的是什么样的事。

第三对，乐事和烦事。有些人为什么一聊天就让人头痛？就是他总聊那些烦心的事。尤其喜欢把工作上烦心的事带回家里，或者把家里烦心的事带到工作上。一聊起来，情绪就上来了。

跟什么样的人聊乐事，跟什么样的人聊烦事，乐事在什么场景下聊，烦事在什么场景下聊，这都是需要考虑的。我们聊了一万件事，总结起来，无非就是这六件事，有可能这六件事是交叉的。比如我今天聊的是国事，是企业的事，但它是急事，还是烦事。这三点聚集到一点，就能够确定我们应该以什么样的态度、方式去聊。

一般来讲，烦事别带回家里去，夫妻之间工作上的事尽可能报喜不报忧。如果夫妻俩本身就是同一个公司、从事同一行业的，更要注意，可以遵循这样一条原则：回家之后，脱了外衣，穿上拖鞋，就不要聊公司的事了。要聊公司的事到公司去聊，否则容易伤感情。

四种聊天方式

那我们怎么聊呢？不同的事，在不同的场合，有不同的目标，聊法会不同，具体来说有四种聊天方式（见图 20）。

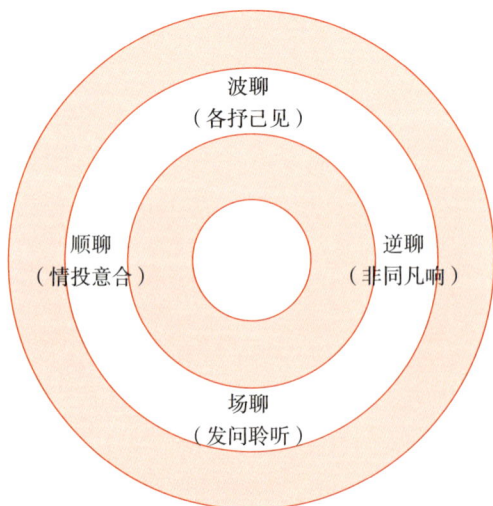

图 20　四种聊天方式

顺聊

第一种聊法，叫顺聊。顺聊就是往一个方向、一个情绪去聊，互相补充，你说左，他补充右，你说前，他补充后，经常会出现"而且""进而""同时""我也"这样的关联词。比如两人聊电影，一个说"这部电影制作得不错，演员不错"，另一个接着说"台词也很好"；一个说"同时插曲也不错"，另一个说"我也是这么看的"。越聊越开心，而不是话不投机半句多。如果一个说正，一个说反，就很容易聊不下去。

顺聊的作用是什么？让两个人聊得情投意合。夫妻之间最基本的聊法就是顺聊，不要老是拧着来。

那怎样才叫顺呢？我们先看图21（a）这个圈。两人开始聊了，上面实线的箭头顺时针转，比如实线箭头是"横看成岭侧成峰"，虚线箭头接"远近高低各不同"，这就是顺。实线箭头再接回来"不识庐山真面目"，虚线箭头说"只缘身在此山中"，两人就是一拍即合。

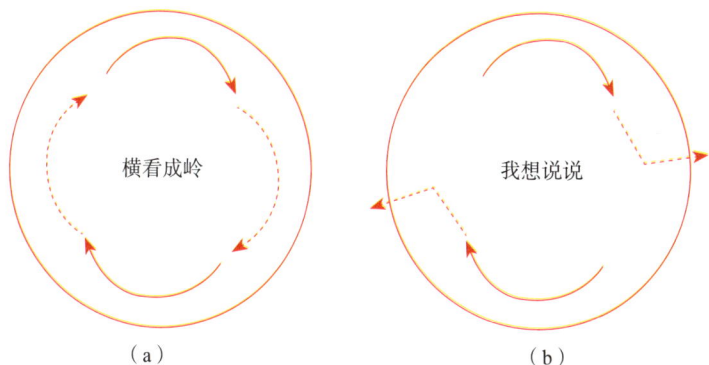

（a）　　　　　　　　　　（b）

图21　顺聊之顺

但是很多人在跟别人对话的时候，聊着聊着就聊不下去了。为什么？看看图 21（b）的这个圈，两人东一句西一句，根本不在一个频道上。实线箭头说"横看成岭侧成峰"，虚线箭头接"我想说说范冰冰"。实线还想继续拉过来，拉回到诗意上，又说"远近高低各不同"，结果虚线箭头说"吃个火锅行不行"。这还能聊下去吗？

两口子之间以这样方式聊得更多，所以顺聊不顺，必有问题，两人不在一个频道上。我们在顺聊的时候一定要摸准对方在哪个频道上，人家在诗和远方的频道上，你硬要拧回水和干粮频道，那肯定不成。要同频共振才行。一个爱商高的人，会意识到当时、当地的场景和频道，才会顺之又顺。

但是话又说回来，很多时候，对方的观点不对，他说的不是事实，他的意见你不同意，你要告诉他，又不想变成对立面，那就要用第二种聊法。

逆聊

第二种聊法，叫逆聊。聊的时候，经常会用一些转折词"但是""不过""不是""相反"等。比如"这部影片好是好，但是它的情节上有个漏洞""这部影片很好，不过女主角比较差，男主角还不错""相反，我认为这部电影最失败的就是那首插曲，太难听了"。这就叫逆聊。

通常我们表达自己观点的时候，会用到逆聊。逆聊做得好的话，会让对方刮目相看，认为你说得对，觉得你有自己的想法。但聊得不好的话，会触对方的逆鳞，若逆着鳞去，不是顺着鳞来，就很容易遭到反驳。

如果你每一次都是顺聊，时间长了，另一方就会视你为不存在，觉得你的观点无足轻重。只会顺聊的人反而最容易得罪人。为什么？你一直顺着对方的思路聊天，如果有一次反驳对方，对方会立刻大怒，双方就失去了各抒己见、讨论观点的氛围。你只要不顺着他说，他就认为你在跟他作对。现在很多夫妻间也是这样，长期以来形成了一种不平等的关系。

在单位里，领导说什么你都顺着，最后领导不拿你当回事。而且你当了领导也这样，部下都顺着你聊，你说什么他都说对，你说什么他都说是。你就会觉得这个人没什么观点，没什么主见。慢慢地，你也会轻视他。

怎么办？去试着平等交流。如果平等交流有风险怎么办？可以加上"罐装"。

什么叫"罐装"？"罐装"就是一个预制的证据。你去反驳一个观点的时候，要拿出无可辩驳的证据来。别人一听，会觉得：虽然是和我的观点不一样，但他确实说得对，有理有据。我们有时会对一个人刮目相看，本来觉得他没什么水平，但是他讲的一番话竟然让我们肃然起敬，就是因为他用了"罐装"，有了预制的证据。

逆聊必须加上"罐装"，因为你和别人的意见不同，得摆事实，讲道理才对。怎么摆事实，讲道理？你必须拿出现成的道理来，临时想的话其实很难。比如我和王石对话，和马化腾对话，都要准备"罐装"，因为我不了解房地产，不了解互联网，不是相关专业的。

"罐装"包括了四大类（见图22），从它的内容上看：

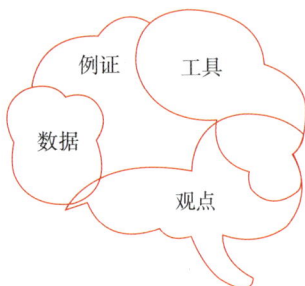

图 22 "灌装"四大类

第一个叫作例证。要用事例来证明一些东西。

第二个叫作观点。对同一件事，不同的人观点会不同，把一些新的观点和例证组合起来，会让例证更有力量。

第三个叫作数据。比如我们经常会说"七年之痒"，西雅图爱情实验室心理学报告就用数据来做了认明：67% 的初婚夫妇会在结婚后 40 年内离婚，其中有一半的离婚发生在结婚后的头 7 年。比如专家说维护爱情比维护身体更重要，会借助这样的数据表达：去健身房锻炼都未必让人寿命增加，4 年不幸的婚姻却能让人少活 4 年；如果健身爱好者每周从健身的时间里匀出 10% 的时间，来锻炼他们的婚姻而不是他们的身体，他们在健康方面获得的好处将是在跑步机上跑步的 3 倍！

第四个叫作工具。工具是理论和观点的一个落地版本。比如我们讨论一个问题，我不同意你对这个问题的看法，你说了四条都是改进措施，但是你的目标是什么？这里就会用到 QP（Question Plan）五步这个工具：第一步，现状；第二步，目标；第三步，问题；第四步：对策；第五步：代价。现状和目标没弄清楚之前，你就去制定对策，这是不对的。

波聊

第三种聊法，叫波聊。波聊就是各抒己见。你说你的观点，我说我的观点，每个人有一个观点，大家交流来看一看，哪些观点可以被大家共同接受。我们一般在讨论的时候，尤其是在工作小组讨论的时候，会用到波聊这种方法。

因为完整地表达了一个见解，所以波聊很容易体现一个人的魅力。这种魅力，包括了表情之美、语气之美、语言之美和细节之美（见图 23）。

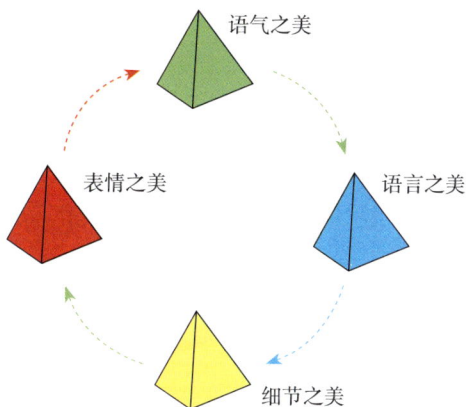

图 23　波聊的魅力

第一，表情之美。你在跟人面对面聊天的时候，会有表情。有的人是一脸不屑、瞧不起你、耻笑你的样子，那种表情会让人很难受。有的人则长期一副愁眉苦脸的表情，你一看他，就感觉他苦大仇深，听不下去他说话。

第二，语气之美。语调很重要，你是亲切的、真诚的，还是虚情假意的，通过语气都可以听出来。

第三，语言之美。语言表达准确，鲜明，生动，内涵又很好，这个人就会很闪亮。

第四，细节之美。其实最美的就是把一个东西掰开来讲，讲到细节。有些人只讲梗概，这打动不了人的。比如梁山伯与祝英台的故事，你干巴巴地说：梁山伯与祝英台，一个男的一个女的，开始梁山伯不知道祝英台是女的，后来知道是女的了，他们恋爱了，最终恋爱没成，都死了，完事了。这么美的一个故事，几句话干巴巴讲完了，何来吸引力？

这四美集合到一起就很迷人。很多人在快节奏的时代中，已经让自己变得粗线条了。其实，女性的一大优势就在于情感比男性充沛，所以要发挥这种优势，让这种魅力的价值感最大化。

一般来讲，在沟通和表达方面，女性的弱项是什么？就是对于哲理和观点的提炼。这个问题完全可以通过"罐装"来解决。

2019 年 10 月，我遇到了一个需要波聊的场合，要表达自己的一个观点。当时，有韩国仁川大学的校长和首尔大学的教授，还有其他几位国际友人，我们在深圳见面。在这些业界大咖、学术大咖面前，我如果表达一些专业观点，会有班门弄斧之嫌。当时为我们穿针引线的是联合国可持续发展组织的原秘书长，他把大家联系到了一起，于是我抓住这一点，表达了一下对联系人的谢意。

我先抛出一个问题：世界上最伟大的发明是什么？大家都会以为是指南针、帆船、文字、印刷术、蒸汽机、电灯等。但是我说，最伟大的往往最不起眼。我以为最伟大的发明是绳子。它本身默默无闻，看来不神奇，但其实非常神奇。因为没有绳子就升不起风帆，没有帆的船是不可能远行的，那就没有航海，也就没有新大陆的发现。没有绳子，就没有金字塔，因为金字塔的巨石雕琢完成之后是靠绳子拉上去的。没有绳子，就没有放牧的缰绳和套马竿，人类也就没有办法由狩猎到畜牧。没有绳子，也就没有美妙的琴弦，优美的音乐就不会出现。没有绳子，就没有渔网和渔船，远航归来就没办法停泊在港湾。有了绳子之后有了电线电缆，世界才走出了黑暗，电话、通信才不会中断。有了绳子风筝才能飞上天。有了绳子才有了慈母手中线。有了绳子，手术台上有了妙手回春。

有形的绳子连接物件，无形的绳子连接情感。今天我们来感谢联系人，他让大家联系在一起，连通了这种情感。如果我们每一个人都变成一条绳子，将来就会结绳成网，千百条绳子织在一起，就是美好的明天。

这就是对思想和观点的一个组织，接下来，大家就围绕这个话题开聊了。想在任何一个场合被人家尊重，被人家信服，是有方法的。人活一世，能留下些什么？一切随风而逝，你能留下印记的唯有：被你影响的那些事，被你改变的那些人。

场聊

第四种聊法，叫场聊。如果说波聊在空间里是一条线，那场聊就像一个磁场。有电磁波来了，我会用磁场回应它。主持人经常用这种聊法。我主持了十多届"中国国际人才交流大会"，经常和大咖对话。如果四个有千亿资产的大咖一起出现在台上，我和他们对话，他们每个人都有每个人的观点，我要怎样把这些大咖的观点接住，再把他们的观点交织起来？这其实是非常不容易的，就特别像交响乐的指挥，这是小号，那是钢琴，还有萨克斯，如何把它们组成美妙的交响乐？

我也看了很多人的现场主持，小号、钢琴、萨克斯都有，结果弄成了一锅粥。为什么？因为主持人心里没谱，这个谱就是场聊要掌握的技巧。

场聊特别注重两个方式：一个叫提问；一个叫倾听。

有人说倾听是最高明的，其实如果倾听打五分，能提一个好问题就可以打十分。你总在是倾听，其实跟一个普通的观众没什么区别。作为主持人，你不能提出好问题来，又不能激发对方把道理讲明白，不能激发对方升华，其实是有点失职的。我经常向我的座谈对象提出很尖锐的问题，这样可以把他的思维激活，让他更闪亮。

企业的老板也应该是一个场聊类型的主持人，在讨论问题的时候，针对员工提出的各种意见给出回应。家长也应该是一家人在讨论问题时候的一个主持人。在讨论问题的过程中，不仅讲道理，摆事实，还要有情绪和情感的交流，因为人是感情的动物，情绪的投入和传播很重要。

场聊有一个理念叫引渠。所谓水到渠成，你让别人说出观点，就要开一道渠，引导他。引导有两种方式：一种就是默默进行，说"是、对、很好、我听明白了"，这叫暗渠式倾听；另一种就是提一个好问题把对方带出来，这叫明渠式提问。

我们从图24上可以看到，线条粗的叫专心倾听，线条细的叫提问引导。把东聊西聊的东西串起来之后，就形成了一张网图。一个好的聊天者可以用这样一张网图不断把聊天推向深入。

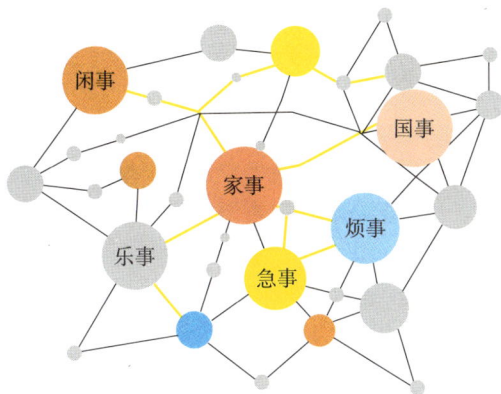

图24　场聊引导方式

爱情不是婚姻的坟墓，不会沟通才是！生命中人来人往，只有频率相同的人，才能感受彼此命运，照见彼此的内心。

演说四鱼，专业公众表达

这是一段演讲节选，题目是"女人永远是最佳辩手"。

"今天要跟大家分享的是一个关于女人和辩论的故事，名字叫作女人永远是最佳辩手。我在辩论的赛场上拿过世界冠军，拿过全场最佳辩手，也算得上是小有收获。但是说实话，有一件事情真的非常丢人，在这里我必须要向在座所有人坦白，就是在生活的辩论场上，有那么一个人，我是从来都没有赢过的。那个人就是我的老婆。……但是我本人是发自内心赞同一句话，女人永远是最佳辩手。

"但是凡事总有原因，为什么呢？后来我开始琢磨，我找到了第一层原因，男人总是输，那是因为男人总是讲道理。我有一个饱经沧桑和血泪的小小忠告，告诉在座所有的男士：就是当你面对女人的时候，你永远永远不要试图讲道理，因为她们会坚信你解释就是掩饰，掩饰就是欺骗的开始。

"我老婆有一次看中了一款包，她就把我拉过去，她想买。大家都知道全世界所有的女人喜欢的包就只有两个特色，第一美，第二贵。当然女人会比较关注前者，男人只能关注后者。所以我老婆一直在看那款包的时候，我也一直在看那款包的价签，我在数，个十百千，一数我当时就崩溃。我赶紧把她拉到一边，背对着导购，我想说服她。……当时说实话，上到民族情怀消费理念，下到买这款包的性价比、收益比、风险比、收支情况对比，我慷慨激昂、鞭辟入里，我自己都已经快被自己的沉稳跟理性征服了。然后她只是看着我，眨巴着她的大眼睛，问我说：'是你的那些道理重要，还是我重要？'……你说这个时候你除了宣布她是最佳辩手，并且掏出银行卡给她颁奖之外，你还有任何其他选择吗？

"这是我总结的第一层原因。然后我往下深入地踏了一步，完了，我发现了事情的真相。女人永远是最佳辩手，就是因为女人根本就不是辩手啊亲们，她们是评委呀，她们就是你们感情生活中判断对错输赢、选择最佳辩手的评委和导师啊。

"当然对于我本人来讲，我是个辩手。作为一个辩手，大家想一想，还有比发现你的对方辩友其实是评委更深的悲哀吗？就在这一份浓得不能再浓的悲哀当中，我突然有一个全新的观点，让我一下子灵台透亮，豁然开朗。大家想一想，作为一个男人，咱们输，咱们输掉了一生的比赛，可是咱们赢，赢得了什么呢？那是一颗可爱的、俏皮的，甚至有一点点蛮横的，但是从不遮掩、从不伪装的，少女的心啊。

"这个世界上还有什么比一颗愿意陪伴你到终老的、真诚的、少女的心，更宝贵的东西吗？所以人生的辩论场上，女人永远是最佳辩手，男人总是输，女人总是赢，那只是因为爱。"

人和动物的一个根本区别，是人可以通过表达和沟通，把大家连接到一起，由强大变成伟大。不过通常情况下，很多人恐惧表达，恐惧在台上讲话。这种恐惧来自哪里？

你可以想一下，你跟父母沟通会恐惧吗？和亲密的朋友打交道会恐惧吗？都不会。假设一只小羊从来没见过狼，狼也没见过羊，但是它们一见面，小羊就会感到恐惧。为什么？因为小羊的能量不够，狼的能量很大。而且小羊也知道狼发觉自己能量不够了，所以就会产生恐惧。也就是说，你和别人交往感到恐惧是因为对他感到陌生，跟他交往的能量不够。

解决恐惧的方法不是告诉你让你大胆起来，而是让你先能量充盈。比如即兴发言，比如上台演讲，有人说敢上台就行了，但是因为你没有那个能量，上台讲了也是被晾在台上，下面的听众会给你负面反馈，会让你更害怕当众表达。

如何评价一段演讲？可以依据个性化经验，也可以依据共性化的标准。

先说说我的个性化经验。20 年来，我差不多讲了上千场课程，也主持了十几届"中国国际人才交流大会"，以及浙商、沪商和深商大会等。所到之处，所发之言，都要求成为亮点。虽然每一次都得到热烈反响，但我自己的感觉是，有时候满意，有时候并不满意。这些是我靠平时积累出来的。因为一年到头我都在准备，我有一个文件夹，看到好的资料，我会立即加进去，但我不会直接照搬，而是加上我的理解，分析出更好的表达，把别人的天当成我的地，在这个基础上进行深化，到用的时候，很自然就能拿出来用。

很多人问：杨老师你每一次演讲都很精彩，是怎么做到的？我开始琢磨，如何做到每一次演讲都精彩？研究了古今中外大量演讲案例之后，我逐步解开了这个秘密：在演说成功四大要素基础上，画出了一条"演讲之鱼"（见图 25）。演讲是一个影响力的表达方式，是你达成目标的表达手段。如果你演讲之后没达成目标，那叫瞎掰。

我们看一下这条演讲之鱼。

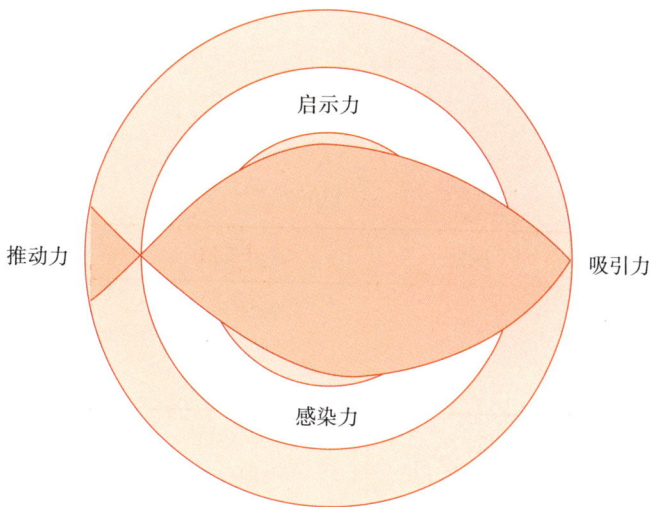

图 25　演讲之鱼

前面是鱼头，它的主要功能，是吸引力。一个演讲者可以通过感官吸引、问题吸引和事例吸引，吸引听者注意。一般的演讲会有这样的开场："我是李秋波，我来自浙江温州的一个小山村，我自小喜欢摄影，今天要和大家分享无人机摄影的经验……"

90% 的人都采用了这样的无技巧开场。如果你是那 10% 有吸引力的人，会这样开场："请大家看看我手中的无人机，我现在给大家演示一下，它是怎么抓取现场的画面，并且传输到大屏幕上的……"

随着现场观众的惊叹，演讲者引入主题："我今天要给大家演讲的主题是'一小时学会航拍'。"你看，这样的演讲是不是立刻就有了吸引力？

吸引听众之后，可以沿着鱼腹或鱼背两个方向进行。鱼腹是软的，代表感染力，可以用激情感染、深情感染、幽默感染，总之是用情感来打动人。鱼背是硬的，代表启示力，可以用空间启迪、时间启迪、矛盾启迪等方式来启示听众（见表 5）。

表 5　演说之鱼的四力十二法

四力	十二法
鱼头：吸引力	感官吸引法 问题吸引法 事例吸引法
鱼背：启示力	空间启迪法 时间启迪法 矛盾启迪法
鱼腹：感染力	激情感染法 深情感染法 幽默感染法
鱼尾：推动力	语言回应法 情智回应法 行动回应法

"我从小就有一个梦想，做一个飞行员，能够在蓝天上自由飞翔，但这一双近视眼阻碍了这个梦想的实现，不过今天我没有遗憾，我实现了另一个梦想，让我的无人机自由飞翔，把天上能够看到的最美的画面都记录下来。人的梦想不一定实现，但如果你不放弃想象，你的梦想可以在另一种条件下实现，而科技和艺术就是我梦想的翅膀……"

诉诸感情，又诉诸哲理，结合得非常好。但是动之以情、晓之以理之后，如果听演讲的人挺激动但没有行动，那就白讲了。没有鱼尾，这条鱼的完整性就被破坏了。所以最后还得调动大家的推动力：

"我下周日下午 2 点，在莲花山公园有一个航拍现场教学，想要参加的人，会后请找工作人员报名。"

这就是一条"全鱼"，一次心动、情动、理动、行动四要素完备的演讲。

演讲是一门专业。只停留在经验的层面上的人，不管经验有多丰富，也是有时候演讲会精彩，有时候演讲会很烂。知道了"演讲四鱼"，下面我们可以尝试用专业的眼光，去破解演讲的奥秘。

我们结合本章开头演讲的案例，来做一下分析。

鱼头：他的动作、手势，经过专业训练，而且表情具有亲和力。这是感官吸引，关键是，他在这里用了事例吸引：那个人就是我老婆，并引出了自己的观点。另外，他特别注意和听众的互动，来启发听众的情智。

鱼背和鱼腹：说男人爱讲道理，女人不是辩手而是评委，开始升华。情理开始交融。最后情理交融到高潮：男人之所以愿意输，主动输，一切源于爱。在这一点上，启示力和感染力可以达到 4~5 分了。

鱼尾：理说得特别透——男人总是输，女人总是赢，那只是因为爱。在推动力方面，让听众做一点什么，我认为是很必要的。他其实也有升华和推动，就是号召和要求大家怎么做。但是关于爱的理解，还是要再拔高一下：天下的男人们，爱一个人，就这样去做吧，不仅满足她的物质需求，还要给她高层次的情感之爱、灵魂之爱。

我们能不能比职业演讲者做得更好？能！只要更专业。我自己在培养一些企业家的演讲力，已经取得了一定的成绩，演讲者未必形象有多么惊艳，无须才华有多么出众，都可以做到人见人爱。为什么？这和表达力是有一定关系的。比如出席公众场合的时候，有人三两句话就把大家的眼球吸引过来了，他的观点被接受，惊艳全场。如果你也希望做到这一点的话，那我们可以来一个专业的训练，进一步体会"演讲四鱼"的奥秘。

丰盈之爱篇

Love Quotient

财商六阶，晋级富足人生

纽约市立大学有一对教授夫妇，42年前出了两本书，得到5万美元稿费。他们不知道该拿这5万美元做点什么。他们除了自己的专业，对其他赚钱的门路都不了解。恰好他们是巴菲特的朋友，那时候巴菲特有点小名气了，不过还没特别有名，但他们很相信巴菲特，把5万美元交给他打理了。他们收入不低，平常也不用着那笔钱。就这样过了30年，教授去世了，在葬礼上，巴菲特见到了教授太太，跟她说，那笔钱，他做理财已经涨到6000万美元了。教授太太大吃一惊，后来她自己也花不了，就捐给慈善事业，让巴菲特继续给她做理财。等到教授太太去世的时候，5万美元已经变成1.2亿美元了。

经济独立会涉及财富获取能力，我们把它归结为财商。一个有财商的女人，她的运气差不到哪去，她往往比普通人容易实现经济独立的目标。前些年很流行的一套书，叫《富爸爸穷爸爸》，里面讲到了财商，指的是传统的财商，讲了四种经济状况。

第一种经济状况叫他雇，就是你做雇员，别人雇用你，你拿一份工资。

第二种经济状况好一点，叫自雇，也就是你靠自己的技术、靠自己的专业能力去生存。比如独立的律师、牙科诊所的牙医，靠自己的本事来雇自己。

第三种经济状况层级就比较靠上了，叫雇主级，就是你自己做生意，雇别人给你干活，你是老板。

第四种经济状况是投资级。你做投资人，又赚钱，又不像老板那么辛苦。

这四种传统的财商依然存在，但是如果只局限于这四种财商，很多人这辈子也做不出头来。因为你没有钱去投资，又没有能力和技术单干，你能干什么呢？

我们必须打开眼界，看到更高一点的地方：投智，投人。投人是最高级的一个能力，你看对了人，就好办了。但问题就在于，你要有投人的核心能力。

比如，刚开始你打工，处在他雇的阶段，你要有体力和脑力的付出。自雇的时候，你要有专业的技能。你当雇主的时候，要有整合资源和组织的能力。你想做投资的话，要有资本和资源。你要投智，比如做企业的顾问的话，得有智慧和专业能力。你要投人，得有眼力和定力，投错了，一辈子倒霉；如果你投对了，但是没有定力，跟着跟着跟丢了，也成不了大事（见图26）。

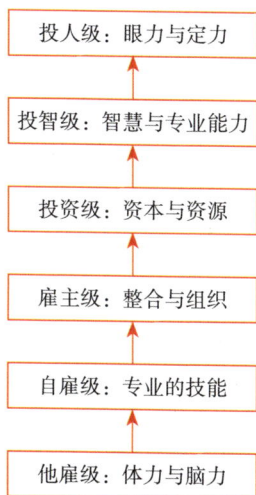

投人级：眼力与定力

投智级：智慧与专业能力

投资级：资本与资源

雇主级：整合与组织

自雇级：专业的技能

他雇级：体力与脑力

图26 财商六阶

你现在处在财商的哪个层级上呢？有的人说，他现在在最低一层面上，是一个打工者。那打工者真的就比老板差两个等级吗？不一定。我们把老板比作狼，把打工者比作牛，狼是食肉动物，本来看着比牛厉害，但是现在有种"弱狼强牛"现象，强牛胜过了弱狼。比如很多经理人百万、千万年薪，老板辛辛苦苦干一年，不一定比他收入高，老板是头病狼、瘸狼、老狼，是头不思进取的狼，那还不如那强壮的牛。所以不要总认为当老板就好，没有当老板的能力，还不如打工。大打工强过小老板。

假如你到了投人的层级，你跟对一个老板，成为股东和投资人，跟企业共同成长，绝对胜过自己白手创业。借助别人的能量去创业，非常好。

这六个层级，每一个层级需要具有相应的能力。能力匹配了，你就幸福；能力不匹配，照样难受。

那怎么投人呢？投人具体在于你的眼力和定力。

本章开篇的案例中，教授夫妇相信巴菲特，30年都没怀疑过他，这就是眼力好，定力也好。

当然大家会问，投什么样的人最好？我们的理论是，投红点人。什么是红点人？判断一个人是不是红点人有什么标准？

第一，回报率高。怎样判断回报率高低？其实很简单，你去了解，去沟通。比如在一个公司里，老板说他"这是个赔钱货"；你问他老爸老妈，他们说"这个儿子就算我没养"；问朋友，他们说"他总是欠别人的情"。这样的人从来都不会回报别人，能回报你吗？

有的人选择去投项目，我在这里建议大家，先看人，投人比投项目重要。投人投错了的话，即使项目赢了，你也赚不到钱，他赚了钱不回报给你。如果投项目投错了，但是投人投对了，那人迟早也会帮你赚回来。

那从哪些方面去判断一个人的回报性？

首先，从"三观"上去判断。如果他有共赢互利的价值观，就具有了回报性的一个前置性标准。他愿意共赢互利，而不是非常自我——什么都得对我有利，对别人有利就不行。

一个真正的聪明人，懂得互利共赢。高手都是想让别人先赢，自己后赢，为什么？两个人一起做事，先赢的是小赢，后赢的是大赢。比如一个企业里的老板，开工了，老板先要缴纳各项费用，购买原材料投资，给员工发工资，这一年他可能都没赚到钱。作为工人，你先赢了，但是老板赢的时候，他赚得多。

其次，看他是否有情感回报。回报不一定是同步的。你帮了他，他马上回报你，这是一事一报，这往往是生意。真正的情感回报是，你不需要我的时候，我先不还这个情，我记在心里，等你需要的时候，我立马出手相助。不是锦上添花，而是雪中送炭。

最后，看他回不回报恩情，是否回报对他付出最大的人，即要看他回不回报父母，回不回报老师，回不回报帮助过他的贵人。

如果这几条他都做到的话，这个人就是有回报性的。

当然我们还要训练孩子的回报能力。比如孩子小的时候，我们对他无条件地付出，不能跟他说："不用对爸妈好，爸妈对你好是自愿的"。这样就把孩子养坏了，因为他会认为世界上所有人对他的好都是应该的，他不需要回报别人。

另外，也要训练丈夫或者妻子的回报能力。把爱循环起来，创造这种氛围。更要训练公司员工的回报能力。有的时候企业遇到了困难，老板顶上，那是对的，但是员工也得跟上。只有愿意付出的人，才能获得更大的幸福。

第二，有成长性。他现在回报率很好，但他不学习，明年、后年就做不了你的合伙人了，他已经落后，跟不上你了。

第三，自省自律。就是会自我反省，约束自己。如果一出了问题就怪你，一有功劳就说是他自己的，这种人就不能合作。

第四，容人。如果你出了错，他说不要紧，咱们一起去解决，这种人就可以合作。如果你出了错，他要趁机整死你，那千万要小心。

五彩人生，支撑情感独立

《天水围的夜与雾》这部电影，是根据真人真事改编的。

女主人公是张静初扮演的川妹子晓玲，男主人公是任达华扮演的香港人李森。两个人在深圳的夜总会相识，互有好感，发生了关系。一来二去，晓玲怀孕了。李森说愿意和她结婚。李森有妻子，但是妻子是个"母老虎"，他对自己的婚姻也不是很满意，所以看到晓玲这样温顺的人，就愿意和她在一起。

李森在香港是做装修的，赚了一笔钱，带着晓玲和这些钱来到了晓玲的四川老家，给晓玲家里盖了一栋小楼，把剩下的钱都给了晓玲爸妈。因为他本身就是做装修的，有钱又有手艺，村里轰动了，都说晓玲家找了一个好姑爷，是香港富豪。李森也很享受"香港富豪"这种感觉和村里人对他的尊重礼遇。

李森开始有了一些变化，对晓玲的妹妹动了歪心思。李森背着晓玲侮辱了她妹妹。晓玲不知道，她爸妈看出来了，因为李森有钱，她爸妈就睁一只眼闭一只眼。

后来李森没钱了，问题就来了，晓玲家里势利，她爸妈就开始冷讽热嘲，天天挤对他。李森实在被挤对得受不了了，带着晓玲到了香港天水围。回去之后一直找不到工作，申请救济金。但晓玲还是有想法的，生了一对双胞胎之后，她不甘于接受救济金，就去饭店里打工。李森不太高兴，但多挣一点钱他也默许。只是晓玲很漂亮，穿着白衬衫，里边没注意，穿了黑色的内衣，结果很多男人一直瞅她。李森去吃饭，看到了这一幕，心里很生气。

他在饭店里没说什么，回到家里之后，当着两个孩子的面，对晓玲拳打脚踢，拿出刀子来泄愤，差一点把晓玲的眼睛扎瞎。这个时候晓玲选择了忍。因为她在香港没有依靠，自己没有资格领救济金，工作也不符合当地法律，还有两个孩子，所以她忍了。

接下来李森变本加厉，有一次就因为晓玲把米打翻了，他就把晓玲和孩子全部赶出家门。晓玲打电话给妈妈，说自己被家暴、被虐待，但是那个愚昧的妈妈告诉她，哪有女人不挨打的？女人挨点打，很正常。

她报了警，但因为没有多少证据，警察也不管。没办法，晓玲带着孩子回到了深圳，仍旧去夜总会打工。没多久，李森就找到这儿，让晓玲跟他回去。晓玲不回去，李森掏出刀子朝自己的肚子上捅，用这种自虐的方式逼晓玲回去了。

回到天水围之后，李森的心理已经扭曲了，家暴一次比一次更残忍。晓玲来到了救助站，没有带孩子，李森在家里虐待孩子，说她如果不回去，就把孩子杀掉。当母亲的怎么办？晓玲还是回来了。回来之后李森发了疯，当着晓玲的面把两个女儿杀掉了，然后又把晓玲杀掉，之后他也恐惧，为了逃避罪责，捅了自己一刀，打电话跟警察说，晓玲疯了，把两个女儿杀了，他是自卫，也被扎了一刀。但是李森扎得太深了，警察到的时候他也死了。

　　这部电影，男人要看，女人更要看，给人太多启发了，可以当作进入婚姻的必修课。但是很多人就是看个热闹，看完说一句"女的太惨了"，骂一句"渣男"。那这部电影到底讲了什么？

　　我们用爱商来分析，这部电影会带给我们什么？从女人的角度来看，情感不独立，经济不独立，也没有不断迭代的美丽和魅力。因为人性的缺点，晓玲放不下恐惧，放不下贪欲，又自欺欺人。李森也是，他恐惧妻子弃自己而去，所以他宁肯自残，也要把晓玲弄回来，之后又患得患失，放不下。这种自欺自哀的心理造成了两个人的扭曲，所以悲剧发生也是必然的。

　　男人也好，女人也罢，如果经济不独立、情感不独立，又不能自我升级，在爱情中就会越爱越悲剧。如果不爱了，两个人其实可以和平分手，但是扭曲的爱导致了悲剧。

　　我们的情感怎样才能实现独立呢？情感是需要四个方面来支撑的（见图27）。

　　第一个方面是健康。健康是第一位的，寿命是形式，健康是本质。长寿活着，但是久病卧床，不但自己过不好，也耽误儿女。儿女们也有工作、事业，哪能陪得起呢？所以自己健康很重要。

　　第二个方面是美丽。美貌是形式，愉悦是本质。自己的美丽和魅力不断，活出自己的精彩。可以活得很精致，越老越精彩。什么叫生日？就是每年重生的日子。有一些人很漂亮，但是别人一看她就难受，这种叫囊美人。愉悦是本质，你一定要有让别人感到愉悦的那种美丽。

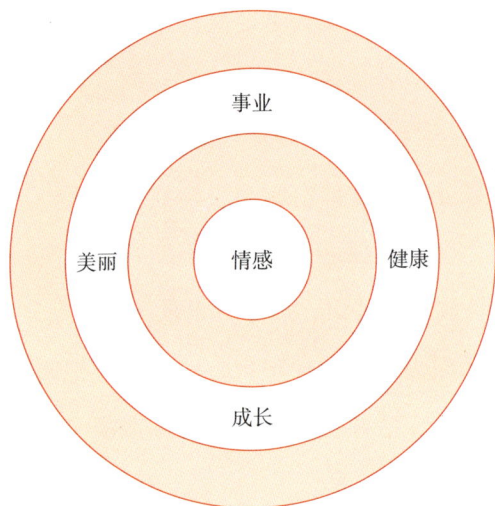

图 27　情感的四个支撑面

第三个方面是事业。工作是形式，事业是本质。事业是最好的荷尔蒙。一个人有事业了，生活就有了奔头。你工作是为了实现一个梦想，那是做事业；工作是为了实现一个欲望，那是做小生意了。很多人退休之后，什么都不干了。但是那些富豪，80 岁、90 岁还在做事业，事业使人年轻。

第四个方面是成长。学习是形式，发展是本质。你需要不断学习。你不学习，不成长，事业也会垮。你不成长，逐渐会被时代淘汰，要不断进取。

在成长中，读书是一种特别好的路径。参加培训、出去听课当然也是好的路径，但是大量的自学是在读书中完成的。有人说，我喜欢读书，但是要读点什么书才好呢？

其实读书跟我们吃药、吃饭一样，读什么书因人而异，因时而异，因目的而异。比如想提升智商，不想交智商税，可以去读哲理书和历史书，这些书的智商含量最高，营养最好。如果想提升情商，可以读一些文学作品。那些作品里描写了各个时代的生活、人情处事，尤其是情感生活。如果想提升专业知识，就去读一些专业书、工具书。

如果想全面提升，我建议大家读无字书。什么叫无字书？就是人。读懂一个人胜过读 100 本书。

现在很多人到处去听课、学习，看到好的内容就想学，其实也不太好。因为世界上最厉害的人终其一生，也只能学到人类知识的 5‰。知识的海洋太广阔了，而你的生命又太短。所以要根据自己的需要建立一个架构，去有选择性地读书，学习。

回过头来，最简单、最有效的学习，就是读无字书，即读人。你去读他的阅历，读他的方法，尤其是和那些成功的人或者失败过的人在一起的时候，你总结他成功或者失败的经验教训，你自己的经验也多了。

一个好的丈夫，一个好的妻子，也是一本书。但是如果这本书不更新，不修订再版，对方读了几遍，也就扔在那里了。两个人为什么过不下去？肯定是因为其中有一个人成了一本旧书。

我们要不断地成长，和那些能够滋养自己的人在一起就是读书。

爱情不是生命的全部。我们还有亲情、友情、事业、健康，所以幸福不能只有唯一来源，有了这四个支撑，我们的情感才能独立。两个人在一起，结合是形式，真爱是本质。如果只是结合在一起，但是两个人不相爱，那也没什么意思。

爱情会疲惫，必要的时候我们可以给爱情放个假。很多人老黏在一起，又不成长，每天都是一个样子，就很容易出问题。比如"新冠肺炎"疫情期间，离婚率上升，就是双方待在一起时间长了，都不成长、不新鲜，各种矛盾就爆发了。

我们再转回电影《天水围的夜与雾》，仔细研究，会发现李森其实也挺可怜的。电影里有恩爱的情节。一个是晓玲怀孕了，他挺有担当，说娶她，并到了她家里，给她家盖了新房子，剩下的钱给了晓玲爸妈。后来没钱了，被赶出来，回到香港。刚开始那段时间，他对晓玲和孩子特别好，骑着自行车接孩子上下课，没有公共浴室，就用盆子接水，给晓玲洗头。他其实也不全是个坏人，最后是对失去心爱的妻子的恐惧，造成了他的扭曲心理。

晓玲刚开始对李森的各种行为都采取了忍，忍让是优点，但是过了底线就成了无底深渊。晓玲其实是一个能力和想法都比李森强的女性，她不愿意领取救济金，自己出去打工挣钱。李森虽然嘴上不愿意，但心里也是默认的，多挣钱总比只领救济金强。但是他对晓玲有强烈的占有欲，绑定了她。晓玲是一个有思想的人，想通过自己的双手在香港生活下去。李森却一直堕落着，两人矛盾自然越来越大。

晓玲对李森的感情也是复杂的，他把自己带出了夜总会，娶了自己，给自己家里盖了房子。但是李森是个没志气的人，穷却不改变，宁愿以死相搏，也不改变自己。你没有自爱的能力，你不上进，最后还想把一个比你强的人圈在自己的身边，即便是把人拦住了，能拦住心吗？不能。幸福的人是把自己托付给自己，不幸的人是把自己托付给对方。所以无论男人女人，都要下定决心去成长，去改变。

两极平衡，走出"圣马"陷阱

刘鑫在日本留学，结识了一个好闺蜜，叫江歌。刘鑫和男朋友世峰闹崩了，男朋友要跟她算账，她就躲到了江歌家里。世峰来江歌家里找她，江歌拦住了他。世峰发怒，刘鑫锁着门不给开，江歌当时也没地方逃，被世峰用刀捅死了。江歌妈妈让刘鑫出来作证的时候，她不肯作证。她说江歌的死和她无关，她不能作证。后来有舆论压力了，她对江歌妈妈痛哭流涕，指天发誓。之后，她发现没用，就开始怪罪江歌妈妈，并专门发微博，说话很刻薄、很恶毒，甚至发微信问江歌妈妈，人血馒头好吃吗？

这个案子有很多人关注，大家觉得刘鑫的人品有问题。如果你只看到人品问题，你就是个普通人。其实应该再往深一层看，叫人格问题。我们重点不是分析人格好坏，因为人有善恶两极，有的时候偏这边，有的时候偏那边。

今天我们就学习一个关于爱情中的人格的理论。爱情中有两种极端人格，一种叫圣母型，另一种叫马基型（见表6）。还有一种正常人格，叫常人型。

表6　爱情中的两种极端人格："圣母型"与"马基型"人格

	马基型（爱自己）	圣母型（爱他人）
准则	第一准则是取悦自己	第一准则是取悦别人
要求	敢于提出自己的要求	不敢提出自己的要求
拒绝	敢于拒绝别人的要求	不敢拒绝别人的要求
利益	发生利益冲突时不会让步	发生利益冲突时会让步
情感	常被别人评价"冷血"	常被别人评价"好人"

马基就是马基雅维利，意大利一个政治家的名字，马基雅维利主义代表着自私自利。圣母型就像圣母一样关爱别人。

马基型人格的第一行为准则是取悦自己。圣母型人格第一行为准则是取悦别人。常人型则是爱彼此。

马基型人格敢于提出自己的要求，圣母型人格不敢提出自己的要求；马基型人格敢于拒绝别人的要求，而圣母型人格不敢拒绝别人的要求。

刘鑫当时从火车站回来要躲到江歌家里，江歌不敢拒绝。日本的规定是没有登记，不可以随便去别人家里的，但是江歌不敢拒绝，就让刘鑫进来了，并且给她准备了吃的东西。

对自己有利的时候，马基型人格的人对利益肯定不会让步，他就要强占；圣母型人格的人在发生利益冲突的时候，总会后退一步。

马基型人格的人总会被别人评价为"冷血"，圣母型人格的人得到的最典型评价就是"好人"。但是这世界上有一半的悲剧都是"好人"造成的。

圣母型人格不完整，是因为这是一种允许被侵占的性格，他让步，结果别人入侵。往往是圣母型人格的人，培养了马基型人格的人。很多做母亲的人就有圣母型人格。孩子咋样都行，她们生存就是为了孩子。这样未必能培养出好孩子，很可能培养出来的孩子谁都不让，到了社会上也是带有侵略性的人，总是给别人搞破坏。

马基型人格和圣母型人格经常会组合在一起。人性就是侵占性的，你让一步他就进一步，比如从结婚那天开始，你就给他洗脚，突然有一天没给他洗，他就会大发雷霆，把洗脚盆子都摔了。为什么？习惯成自然了。所以人得有一个边界，不能无限地忍让和被侵入。

我曾在电视节目上看到过这样的事件，马基型人格女孩要抢圣母型人格闺蜜的男朋友，而两人之前好到可以穿一条裤子。

圣母型人格女孩 A 看到她的闺蜜马基型人格女孩 B 没人陪伴，觉得她挺可怜的，于是吃饭的时候叫她，逛街的时候也叫她。结果女孩 B 理解为闺蜜在跟自己秀恩爱，是想让她难受。于是她就萌发了把女孩 A 的男朋友抢过来的念头，而且在一定程度上达到了目的。女孩 A 发现之后，两个人开始有矛盾，最终在节目里对峙。

女孩 B 在节目里理直气壮地说："她（A）让我上这个舞台，是把我架到火上烤，但是我并不害怕。因为我心中有爱，我想通过这个舞台告诉 ××，我有多么爱他。"

主持人问她为什么会有这么大的勇气，虽然没有结婚之前，大家都有权利追求自己的真爱，但是毕竟有先来后到之分。

女孩 B 说："我觉得这个没有谁先谁后的道理，在我的概念当中，爱情面前人人平等，只要他们没有结婚，没有孩子。"

主持人说，不喜欢他们带你一起出去，可以选择拒绝，或者直接说出来，为什么不说出来呢。

她说（对着女孩 A）："我觉得没有必要。我认为你想让你男朋友觉得你很好心。……我觉得我自身条件不比你差。"

……

我们从人格的角度评价，在表 6 中，女孩 B 其实就是靠左的马基型人格，而女孩 A 靠右，自己把闺蜜引来，结果遇到这么大的麻烦。那这两种人格我们学哪一种？都不学，而是回到中间来，做常人型。

如果暂时还没改回来，那怎样才能让圣母型人格的人不被马基型人格的人得寸进尺？我们要做到两极平衡，走出"圣马偏执"（见图 28）。

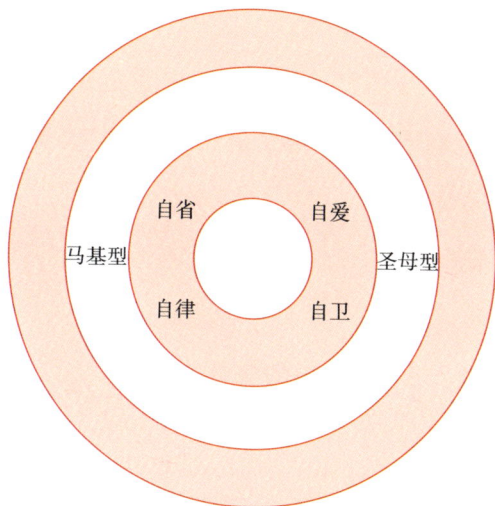

图28　走出"圣马偏执"的四个方法

第一，自省。先参照"引言"部分的图2给自己打分，看自己在哪个位置。靠左还是靠右？靠右的话向左努力，靠左的话向右努力，向中线靠拢，看看自己有没有失衡，对方有没有失衡？改变，就是从"看轻"自己到"看清"自己。

第二，自爱。关爱自我。一定要爱自己，不能只爱别人。

第三，自律。管理好自己，特别是管理好情绪。连自己的情绪都降伏不了，还想降伏什么黑马白马？

第四，自卫。自卫就是设定底线，过了线就不行。

比如家庭暴力就是这样，从扇一个耳光开始，然后捆起来，手上脚上有伤，到捅死结束。家暴只有零次和无数次的区别，只要有一次，就不会是最后一次。有一些东西，你只要让了，一旦过了底线，就很难去拦住了。所以必须自卫。

做人要有边界，交朋友也是这样。有些人专门侵占别人的利益，伤害别人。如果他们遇到的人都是退让的，他们会更变本加厉，让做好人的人背负了责任。

当然话说回来，爱自己和爱他人是两个重要的部分，哪一个在前？应该是爱自己在前，因为没有能力爱自己的人，也不会爱别人。只有学会自尊自爱，才能有足够的能量去爱别人。

巅峰之爱篇

Love Quotient

七项全能，开启圆满人生

有的人具备了高情商、高颜值、高学历，但照样活得很惨。

比如有的女孩被严重精神虐待，男生让女孩文身："我是×××的狗"。还有更变态的要求：你要怀上我的孩子，然后打掉，把证明留下来，当成对我忠诚的证据。男生是重点大学的三好学生、学生会副主席，在同学眼里，他是一个"为人重情重义"的师哥；女生是重点大学学生会的文艺部长，在同学眼里，她是"让人如沐春风"的学妹。看不出哪里有问题。但是要注意了：你，你的朋友，你的孩子，没出事前都很正常。

女孩的母亲找这个男生算账，他不认账，说："你女儿是个骗子，先前有过男朋友，不是'洁白之身'。"女孩的母亲说："你接受不了可以分手啊。"男生说："我分不了啊，哪怕一小时她不在我身边，我感觉生活都没有什么意义。"女孩的母亲看了女儿发给男生的最后一条信息："遇到了熠熠闪光的你，而我却是一块垃圾。"……彻底无话可说！人生惨败，是因为有些智慧在我们的认知区外。

在爱情和婚姻中，我们特别讲究圆满。所谓圆满就是没有缺憾的
人生、无悔的人生。很多人在一辈子快要结束的时候回想往昔，会发
现这儿也有缺憾，那儿也有缺憾，非常想弥补，但是已经晚了。这一
章的内容，是让大家回首一生的时候，没有这种遗憾。

圆满人生七 Q

那什么叫圆满？如果把圆满做成一个饼图的话，它大概可以分成
七块（见图 29）。

图 29　圆满人生七 Q

第一块是智商（Intelligence Quotient，IQ），我们想要一个智慧
人生，需要智商。第二块是情商（Emotional Quotient，EQ），如果你
还想要一个和谐人生，需要有情商。智商和情商都是我们熟知的，能

构建智慧和谐人生，但光有它们能让我们得到美丽的人生吗？那不一定。我们还需要有另外一种智慧，叫美商（Beauty Quotient，BQ）。如果想要一个健康的人生，那还需要健商（Health Quotient，HQ）。如果想有一个不屈不挠的坚韧人生，一定还要有毅商（Adversity Quotient，AQ）。毅力能够让我们在遇到挫折的时候不后退，轻松解决各种困难。如果我们想要有富足的人生，还需要财商（Financial Quotient，FQ）。这些都有了，我们还会觉得人生有缺憾。我们有了钱，但爱情不幸福，这就是缺了爱商（Love Quotient，LQ）。

如何修行七 Q？其实去参加培训也好，自我学习也好，本质都是培养自己的习惯。我们都知道某种习惯好，但是我们没有形成那样的习惯，就会经常遇到知道但做不到的情况。知道了做不到，有时候比不知道还痛苦。看着目标就在那里，隔着一条河，隔着一层玻璃，别人一个一个都过去了，自己只能干看着，就是过不去。

很多时候，学习会给我们带来痛苦，因为我们被启发了，看到了一些东西，但我们目前还做不到。比如我们在家乡的时候浑浑噩噩，不知道什么叫痛苦，到了大城市，我们赚到了钱，有些小目标也实现了，但是我们认识了一个更大的世界，我们的行为和习惯跟不上，就会感到痛苦。

有人说性格决定命运，我不这么认为，我觉得习惯决定命运。因为各种性格的人都有成功的代表。成功的人，而且是持续成功的人，都有一些基本的习惯。无论是巴菲特、比尔·盖茨，还是马云、雷军，看他们的性格，其实看不出他们为什么会成功。但是看到他们的习惯之后，我们就会知道他们是如何成功的。

一个成功的人士，会有什么习惯？大家可以看看美国管理学大师史蒂芬·柯维的《高效能人士的七个习惯》。书中的七个习惯说得很好，不过不圆满。因为他基本上是指工作中的习惯。而整个人生包括工作、事业，包括如何交朋友，如何处理夫妻关系、亲子关系。

我们结合前面说的七Q看一看，应该养成什么样的习惯。

第一，智商。智商高的人有这样一种习惯：借智、借力。有的人遇到问题，就想自己怎么解决，这说明他还处在智商的初级阶段。智商的高级阶段是养成思考习惯：谁能帮我解决，我能借谁的力量，借谁的智慧来解决它？或者我能像谁一样去思考，像谁一样去行动？

有的公司里，可能员工有很高的学历，却被学历没多高的老板领导，因为老板善于利用别人的智慧、别人的力量。

第二，情商。情商高的人人际关系好。心理学专家丹尼尔·戈尔曼写的《情商》一书里提到，一个人的成就80%是靠情商，20%是靠智商。当然仅仅把情商和智商比较是这样的，但现在不同，我们提到七Q的概念，就不是这个比例了。

情商高的人总是让人舒服，他的人际关系很好，但是我们不知道是什么习惯导致了他人际关系很好。人际关系很好只是一个结果。得到这个结果的原因是什么？习惯，为人着想的习惯。一个人一事当前，先替别人着想，这就是高情商的习惯。

第三，美商。美商不仅指一般意义上的形象美，它代表的内容更深刻。美商的核心习惯是追求美好，追求世界上一切美好的东西。追求美好的人，犯错误都错不到哪里去。化妆、打扮得很美，只是一个方面。

第四，爱商。一个人爱商高不高，就看他是否悦己悦人。爱商高的人和别人在一起，他很喜悦，别人也喜悦。像马基型人格的人，就是只悦己不悦人，而圣母型人格的人是只悦人不悦己。二者缺一，爱商都不及格。

第五，健商。健商需要什么样的习惯？珍爱生命。热爱生命，把自己的生命像珍宝一样对待。这是最好的习惯。哪个人不热爱自己的生命？但你真的有这个习惯吗？

比如现在有一个常见的问题，晚睡。早睡是一种好的习惯，符合人体的生物钟，但是刷刷手机，12点了，上上网，过了12点了。谁都知道早睡好，但你为什么做不到？没养成那个习惯。有人开玩笑，"过了11点，就是不要脸""过了12点，就是不要命"。头天晚睡，第二天气血就不够丰盈了，会导致面色不好。

另外还有一些坏习惯，大家都知道对身体有害，比如抽烟、喝酒等。但是没办法，我们还是被坏习惯牵引。

"爱商"课程中有一个打卡活动，其实就是让大家慢慢改变。哪个人都不可能一下子改变，那非常不容易。但是比如昨天12点睡觉，今天提前10分钟，11点50睡，明天再提前10分钟……慢慢改过来。早起也是这样，今天早起一点点，明天早起一点点，逐步向前推，做到轻改变。

第六，毅商。毅商就是一个人有意志，有毅力。有人说，毅商的表现之一就是做一件事坚持到底，这只是一个表象，它的本质是言出必行。一个有毅力的人，是"我说到，我必须做到"。说到做不到的，发一百次狠也是没有意志力，只有想象力。一个能成事的人，一定要言出必行。

第七，财商。有财商是说自己会赚钱吗？会赚钱只是一个表象。能赚钱的商业逻辑起点在哪里？思利及人。也就是说，做生意也好，交朋友也好，有财商的人的习惯是先想到对方的利益。一事当前，先替别人着想，让别人发财。

这些年来我自己也养成了这样的习惯。很多人说，杨老师我能帮你做点这个，我能帮你做点那个。我通常都会问他们："我想知道我能帮你做什么呢？"其实财富就是这么来的。所有的财富都来自我们赋予了别人价值，别人回馈给我们价值，是一种价值之间的流动和情感之间的流动。做生意，做来做去做成了朋友，才是有高财商。

这七种习惯构成了我们的人生。那我们从哪里做起？如果每一项习惯打5分，5分算优秀，4分算良好，3分算一般，2分算较差，1分算极差。有的人给自己严格打分，画出了这样的线条（见图30）。

你的人生不圆满，问题出在哪里呢？比如图30中，智商4分，良好；情商3分，还可以；美商3分，也可以。但是爱商只有1分，极差；健商3分，可以；毅商4分，很好；财商只有2分。这种人就是很聪明、事事明白，但是缺钱少爱。

很多学员进行打分对照的时候，才发现自己竟然是那种人，吃了一惊，出了一身冷汗。其实这是一件好事。如果等你一生过去、回首往事的时候，才发现自己不行，那就已经晚了，现在开始还不晚。

圆满人生七Q	1	2	3	4	5
智商 IQ：借智借力的习惯					
情商 EQ：为人着想的习惯					
美商 BQ：追求美好的习惯					
爱商 LQ：悦己悦人的习惯					
健商 HQ：珍爱生命的习惯					
毅商 AQ：言出必行的习惯					
财商 FQ：思利及人的习惯					

图 30　人生七 Q 打分

如果某一项到了 2 分甚至 1 分的时候，基本上就处于"残疾"状态了，图 30 中的人，财商处于"类残疾"，爱商处于"残疾"状态。这种人的表现是什么？一方面是情感不独立，一方面是经济不独立。而"爱商"课程就是矫正这种"残疾"的。

人生红点四要素

有些人也在修炼，在学习，在成长，但是在学习成长的过程中，他发现自己做了很多事却无效，而有些人似乎没有那么努力，但是运气特别好。比如我特别在乎那个人，我对他特别好，我爱上了那份工作，我也对那份工作特别用心，但是那个人不在乎我，那份工作我也并没有做到很好。另一个人看上去连心都不用，却很容易就找到了爱人，很轻松就能把工作做好。我做总是事倍功半，他做事总是事半功倍。这是为什么呢？

我们从小被教育，努力必有成果，一分耕耘，一分收获。但是，为什么有些辛勤耕耘的人没有收获，而有些不耕耘的人反倒有了收获？其实，收获和耕耘不是成正比的。你在盐碱地上耕耘和在肥沃的土地上耕耘，能一样吗？也就是说，对的耕耘才有收获；耕耘错了，就没有收获。如何才能确定自己耕耘对了呢？就是要选对事情来做，选有结果的事情来做。

我们一生中有哪些事是有结果的？哪些事是没有结果的？哪些事越费劲、越投入、越受伤，越是负收获？我们分析一下一生都做了什么事，比我们幸运的人做对了什么；我们想更幸运，应该做什么。

人生无非四种事。

第一种事，红点事，指一分耕耘一分收获、十分收获甚至百分收获的事情。

第二种事，橙点事，指虽然收获不多，但是总有收获的事。

第三种事，灰点事，指只有耕耘没有收获的事。

第四种事，黑点事，指耕耘之后，不但没有收获，还会遇到天灾人祸的事情。

用四张牌表示：黑点事是负回报，灰点事是零回报，橙点事会有收获，是正回报，红点事才是超值的 V 回报（见图 31）。

那你这一辈子，做了多少红点事？多少橙点事？又做了多少灰点事、黑点事？其实大部分人，一生中的很多时间都是在做灰点事和黑点事，也就是说，忙忙碌碌一生，回过头来，大部分做的都是没收获的事，红点事和橙点事的数量较少，但是这些较少的事决定了一生大

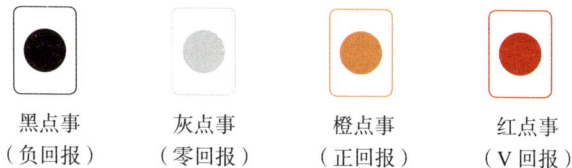

黑点事	灰点事	橙点事	红点事
（负回报）	（零回报）	（正回报）	（V 回报）

图 31　人生四种事

部分成就。

做红点事很重要，但怎么判断这件事是红点事，而不是灰点事，不是黑点事？我们先来锁定它，就像打枪的时候，要瞄准靶心，靶心是红点，而在靶边的就是黑点。喜剧是一枪打中靶心。悲剧是在黑点上拼命努力，不努力的话，只能算一出普通的闹剧，你越努力越是悲剧。不用在黑点上下功夫，锁定红点就行了。那如何锁定红点呢？

红点，一定要符合四个要求（见图 32）。

第一，对的人。人找错了，一切就都错了。对的人不一定是完全和你一样的人，但一定是和你优势互补的人。你弱的地方他强，他弱的地方你强，两个人是天作之合，无论是夫妻，还是合作伙伴。对的人具备这样的特点：他补你，滋养你。

第二，对的事。找到对的人没做对的事也不行，那只能做朋友。做对的事有一个最简单的判断标准，就是那件事是最适合你做的，甚至是为你量身定做的。世界上的好事太多了，但不一定都适合你。最怕的就是你一片好心，做了不适合的事。比如你五音不全，还特别热爱唱歌，成了麦霸，耽误一生。

第三，对的时间。有的事本身是对的，但过了对的时间点，它就

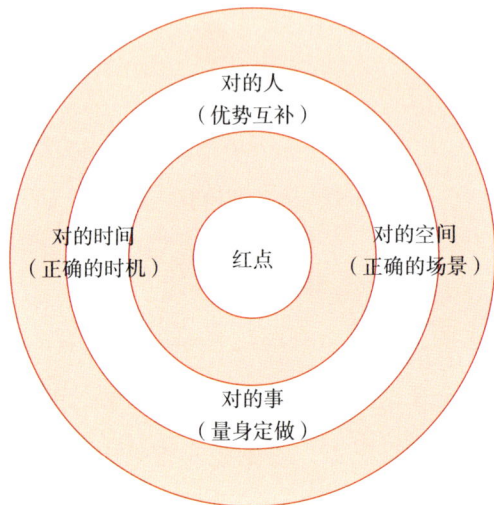

图32　人生红点的四个要求

成了错误的事。婚姻也是这样，你可能喜欢一个人，但那人已经结婚了，就像歌词"他比你先到"说的，时间点错过了；而婚姻又有一个特点，通常会被契约锁定，有了孩子又被孩子锁定。多少对的时间都莫如珍惜当下。三生有幸，不如今生有幸；前世有缘，不如今世有缘。

第四，对的空间。比如创业，创业也是有空间和场景的。很多人在改革开放初期，在内陆城市一事无成，就是因为空间不对。他们到了改革开放的前沿城市，立刻就像变了一个人一样，大力发展起来，因为发展的空间对了。

对的人和对的事是纵向的线，对的时间和对的空间是横向的线。比如，在汉代你是周亚夫，可以成功；但是如果到了宋代，同样的事你很可能就是岳飞，那是悲剧。时代不一样，时势造英雄。

锁定红点，我们的人生就会大放光彩。费了半天劲没结果的人，一定是没锁定红点。

形象一点来说，在图 33 中，打到中心点就是十环，打到外圈一点，是五六环，再打到外面一圈，三四环，再往外打，脱靶了。

有很多人说，觉得这件事也好，那件事也好，都想做。做事的时候要考虑：第一，适合你做这件事吗？第二，你做得过来吗？此生太短，只够做红点。我们不要做太多的事，一定做那些最有意义的事，优中选优是那些正回报的事来做。

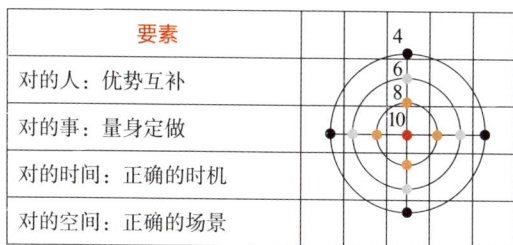

要素		
对的人：优势互补		
对的事：量身定做		
对的时间：正确的时机		
对的空间：正确的场景		

图 33　锁定红点

爱情的红点

人生红点四要素，对的人、对的事、对的时间和对的空间，爱情方面也是这样。

在爱情方面，错过即过错。因为它对于时间点、空间点、人和事的要求非常严格。一个人的爱情是有黄金期的，找对了时空点，找对了人，才能做对事。

通常我们犯的错误有三种：

第一种，在错的时空遇到对的人，这是无奈的故事。"恨不相逢未嫁时"，就是错的时间地点遇到对的人。

第二种，在对的时空遇到错的人，这是伤心的故事。时间、空间都对，但是遇到的那个人错了。

第三种，在错的时空遇到错的人，这是悲剧的故事。进入婚姻之后，女的说，"我好后悔，瞎了眼嫁给你这样的一个东西"，男的说，"我娶了你，算倒了八辈子霉"。这就是在错误的时间、空间遇到错的人。

如果能在对的时空遇到对的人，就是圆满的故事。

1982 年，18 岁的女孩杜彦丽在工地上遇到了 20 岁的山东德州小伙子张广浩，两个人互有好感，但没有继续发展。在分别的时候，杜彦丽给张广浩留了一张纸条，说自己家在黑龙江哪个村子，爸爸叫什么。这就是遇到了对的人，没做对的事，两个人错过了。之后处于失联状态。

后来两个人分别结婚，各自组成了不太幸福的家庭，又分别离婚了。2017 年，杜彦丽在 QQ 上聊天，就有人问她老家在哪里，是哪个村的，村里有没有一个人叫杜 ×× 的……她说那是她爸爸。然后对方就说："你是杜彦丽。我是张广浩。还记得吗？"她说记得。

这一份感情刚开始由于时间、空间不对，即使人对了，开始也没成，直到 35 年后才有情人终成眷属。

　　汪明荃和罗家英的故事也广为人知。1970 年，汪明荃和港商刘昌华结婚了，1982 年，她主演《万水千山总是情》，当时非常红。汪明荃因为忙于工作，造成了流产。刘昌华跟她离婚了。之后她与何守信纠缠了长达十年之久，在这段感情中，汪明荃受到深深的伤害。1987 年，汪明荃和罗家英认识。之后互有好感，但是没实质性进展。因为罗家英觉得时机不对，自己跟汪明荃差得太远。2002 年，汪明荃被查出乳腺癌，在她最困难、人生最低谷的时候，罗家英向她求婚了，但汪明荃没答应。罗家英开始陪伴汪明荃，2004 年，汪明荃痊愈。但是罗家英又确诊肝癌，在汪明荃的陪护下，罗家英也痊愈了。2009 年，两个人正式结婚，有情人终成眷属。

　　有人问了，在对的时空遇到对的人是好的开头，那如何让这个结局圆满呢？

　　人是在不断变化的，场景也在不断变化。你们遇到的时候，都年轻，都在成长的过程中。如果后来，你在原地踏步，他已经走得很远，你们还想天长地久，那该怎么办？

　　被落下的那个人要努力向前。婚姻是一辈子都要滋养、修行的事。不是结婚就行了。夫妻还要不断地蝶变。走在前面的人也不能说，对方落下就落下了，而要搭一把手，把他拉过来，这才是精神之爱，彼此相携。白头到老不仅仅是年龄和生理意义上的到老，还有学习成长到老。

　　如果已经遇到不对的人，要怎么改变呢？

一定要先判断，这个人真的是不对的吗？这点很重要。要找到公正的第三方来判断。最好不是爸妈和亲兄弟姐妹，他们都是站在你的角度考虑事情的，俗称"护短"。最好是请专业的导师来当第三方。

如果第三方判断这个人确实是不对的，那还可以有三种选择：第一种选择，维持现状；第二种选择，积极改变；第三种选择，分开。维持现状和分开都是消极的选择。最好先考虑能不能改变，能在多大程度上改变？如果能改变，争取改变，因为很多的时候，对方不对，可能我们也有错。

就像《天水围的夜与雾》这部电影里，晓玲其实有 1/3 的错。第一，开始拿了李森的钱，吃了人家的嘴短。第二，在错误的时间、地点遇到错误的人，作为夜总会的小姐，在那个时候遇到李森，肯定不是正确的时空。

改变对方的同时要改变自我。婚姻和爱情不同，爱情很纯粹，一旦开始过日子，就没那么纯粹了。柴米油盐，你这有错我那有错。不是原则问题的话，可以双方各让一步。不要一味追求完美，相互要有弹性。如果努力过了，最后还没有效果，再考虑分手。这种叫和平分手。

如果有家暴问题，肯定要分手。但分手的方式要根据情况调整，不要像李森和晓玲那样变成悲剧。

有一个女孩子就比较聪明，碰上了一个渣男，她不说分手，而是反其道行之，说："我太爱你了。但是你开那破车带我出去，我觉得丢脸，你能不能够买一辆好车？""咱家还在租房子，你看人家的房子多好。""人家又穿了什么衣服"……她本身不是一个物质女，但是因为已经认清男方的面目了，就给他提出了一些不可能完成的任务。男方完不成，最后觉得特别烦，就主动放手了。面对这种男人的时候，也不能说别人的丈夫有多好，那样会引起他的暴怒。这个女孩子用了以进为退的方式，做到了和平分手。这是一种很好的办法。

五段摆渡，抵达爱的彼岸

奥黛丽·赫本，几尽完美。不仅漂亮，气质优雅，演技精湛，还有一颗和外表一样特别纯洁的心，一生致力于慈善，是联合国儿童基金会亲善大使。但就是这样的一个人，爱情之路却坎坷不顺，不能和自己心爱的人走到一起。

21 岁时，赫本演艺事业刚刚起步，爱上了詹姆斯·汉森。她的妈妈反对这桩婚事，两个人那时候都小，拗不过家长，以分手告终。这是初恋。第二段感情，赫本和梅尔·费勒一见钟情，婚后五年生下一个孩子。但是，她总在外面演出，受大众欢迎，有很多人仰慕她，梅尔·费勒没自信，总是倍感压力。最后两个人不欢而散，离婚了。

这段婚姻让赫本身心受到重创，她出去散心，坐游轮，遇到了安德烈·多蒂，与他闪婚。结婚之后，她总结了上一段婚姻失败的经验，开始息影做全职太太，专心扮演好母亲的角色。但多蒂是个花花公子。两个人最后也散了。

到了晚年，赫本遇到了罗伯特·沃德斯，两个人都有比较坎坷的婚姻经历，两人相伴度过了一段幸福时光。

除了失败的婚姻，赫本的另一大遗憾，就是格里高利·派克。出演《罗马假日》的时候，赫本还是一个新手，这部戏是她的成名之作。派克当时是大名鼎鼎的明星，已经结婚，是三个孩子的父亲。于是她把这份暗恋放在了心里，两个人成为一生的朋友。

赫本结婚的时候，派克送给她一枚蝴蝶胸针，这枚胸针成为赫本一生的钟爱，在重大的场合她总是要戴着这枚胸针。后来赫本去世了，派克带着自己的妻子来给她送行，给她抬棺。最后告别的场面特别动人，他吻着棺材说，你是我一生最爱的女人。人们把赫本的一些遗物进行拍卖，其中就有这枚胸针。派克参与了这次拍卖，买回了那枚送给她 40 年的胸针。

　　在相遇的过程中，我们会发现有很多事让人感到特别遗憾。最遗憾的不是爱情不美满，而是我们不知道它到底为什么产生遗憾。两个相爱的人，走着走着就错过了。而本想在一起长久过下去的人，却互相伤害。其实好像也没有什么矛盾，但就是没有了原来那种爱。爱情是有生命力的吗？爱情的生命力到底有多长呢？

　　爱情和婚姻是两个不同的概念，最美满的就是爱情和婚姻完全重合，最不美满的是爱情和婚姻开始是重合的，走了一段之后就分开了。

　　做企业管理顾问多年，我发现婚姻好比一家以经营情感为核心的股份制公司，家庭幸福率等于婚姻经营率。不管是一见钟情还是旷日持久的恋爱，充其量不过是创业的准备期，结婚只是开业大吉，后面还有 1 年纸婚、2 年棉婚、3 年皮革婚、4 年花果婚……25 年银婚、50 年金婚等。

　　在这个过程中，随时都可能会离婚。离婚一次就等于企业破产清算一次，再结婚，那就相当于二次创业。比如"真功夫"的潘敏峰和蔡达标，他们的婚姻就是创业又破产清算的典型。两人把一家甜品店做成了价值十几亿元的真功夫，说明在企业经营上，两人都是真的有功夫。可是在婚姻上，他们夫妻关系破裂，对簿公堂成为仇人，两人在这方面没啥功夫。

　　我们且从女方潘敏峰的角度来看，与蔡达标的婚姻，假如说是合股创立了一家情投意合的公司，她也算是原始控股大股东了，但是结果出现了第三者插足，而且，被恶意收购了。和经营企业一样，婚姻生活中如果感到太苦太累，一定是缺少智慧。大规模的婚姻经营破产，尽管还有重组二次创业的机会，但如果经营能力不行，重组的结果还是会二次破产，甚至三次破产，屡战屡败。只能说这样的人毅商强大，爱商很弱。

所以，先别急吼吼地找另一半。嫁了也 hold 不住，娶了也伤不起。我研究了大量婚姻失败的案例，发现绝大部分都是因为夫妻双方缺少爱的智慧。有一些最起码的东西大家都不知道，比如九成的人可能都不知道婚姻生命的五个阶段吧。

婚姻生命的五个阶段

为什么两个相爱的人走到一起反而容易出问题呢？因为我们从一见钟情到携手终生，不是坐一条船渡过生命之河的，这一生有五个阶段，每个阶段都需要换船。也就是说，你在河里乘一条船，在近海要换一条船，到远海又要换一条船……这五条船担负着不同的功能。只乘一条船是到不了最后的目的地的。经过五段摆渡，才能抵达爱的彼岸。具体来说，婚姻生命有以下五个阶段（见图 34）。

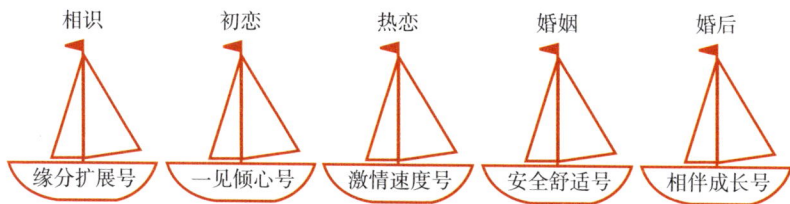

相识	初恋	热恋	婚姻	婚后
缘分扩展号	一见倾心号	激情速度号	安全舒适号	相伴成长号

图 34　婚姻生命的五个阶段

第一阶段是相识。相识也叫缘起，缘起的时候，乘的船叫缘分扩展号。我很适合你，你也很适合我。如果因为我不知道你，你不知道我，导致我们都成了家，后来相见的时候，恨不相逢未嫁时，那是多遗憾的事情啊。所以在婚姻的前奏，缘起，一定要给自己一些机会，多结识这些缘分。无缘得见很可能就错过了，我们得创造这些缘分，获得更多相逢的机会。

第二阶段是初恋。这时要换另一条船，一见倾心号。眼缘很重要，越年轻的人，在恋爱的时候一见钟情的情况越多。初恋时荷尔蒙占了主导地位。

第三阶段是热恋。开始交往之后，会到达热恋阶段，那就得换激情速度号。

激情，就是恋情升温，由热升到狂热，甚至双方到了发昏的程度。一些爱情的悲剧也往往在这个阶段出现。有的遇到家庭的反对，结果家庭越反对他们越要在一起，甚至双双殉情。当然现在殉情的极少，私奔的越来越多了。父母养了孩子好多年，最后因为爱情，跟父母断绝关系的也不在少数。这些人最后有可能也会发现自己是错的。

我有一个学员，非常爱她前夫，愿意为那个男人做任何事。那个男人在结婚前就和她约法三章：第一，他从小就不会干活，结婚之后他不做家务；第二，要允许他出去应酬；第三，要给他一些自由。这个学员当时已经进入了最爱状态，昏了头，毫不犹豫地接受了未婚夫的条件。

这约法三章暗含的前提是：如果结婚了，女方必须为男方做各种改变，男方可以不为女方做任何改变。这是一个不平等的条约。

结婚后，那个男人真的是如约办事，一丁点家务都不做，天天喝酒打麻将泡吧，把妻子丢在家里。开始，妻子还不说什么，可孩子出生之后，那男人也不管孩子，活得比单身汉还潇洒。做妻子的实在忍不住，开始发牢骚："这也是你的家、你的孩子啊，你怎么能自己出去玩，把家务和孩子都扔给我一个人呢?！难道，你就没有一点做丈夫、做爸爸的责任感吗？"那男人一句话就怼回来了："说话算数好不好？之前我们有约定啊，说好了的事，怎么又变卦了呢？"

不平等条约下，你的爱反倒成了问题。就好像当初说好了，人家不投资也占股份，你现在让人家投资，也是没道理的。夫妻可以有契约关系，但契约必须平等，单方投入，双方受益，甚至一方投入，只有另一方收益，这显然都是不公平的。这个阶段的经营重点是别因为恋爱昏了头，彼此承诺才是真爱。

那这个阶段为什么还要提到"速度"呢？因为由荷尔蒙导致的爱，温度很快就会降下来。有些人恋爱谈了5年、6年、7年，其实是一个错误的时间选择。过了最高点，没有强力黏合剂，双方都特别清醒，开始互相审视，这个时候往往爱情就很难走进婚姻了。尤其对女孩子来说，时间成本很重要。你现在25岁，再谈5年就过了30了。所以这个时候我们特别强调两条：激情和速度，这个过程要又快又热才行。

第四阶段是婚姻。真正谈婚论嫁的时候，女人往往比男人更有激情。男人在这个时候开始谨慎：她嫁了我之后，我能不能 hold 得住？她能不能和我的家庭合得来？会不会过了几年又出问题？男人对条件越好的女人越采取谨慎的态度，审视自己能不能配得上她。所以这个时候要换一条安全舒适号船，让双方相处很舒服，可以是彼此一辈子的依靠。

这跟做菜一样，这个时候的火候，应该改成中火。"你要跟我扯证，不扯证咱们就拜拜"，与其语言上逼迫结婚，不如给对方更多情感、感觉上的安全感和舒适感。有了安全感和舒适感，就很容易进入婚姻的港湾。

第五阶段是婚后。如果婚前是诗酒茶，婚后就是柴米油盐，矛盾不可避免。结婚之后会发现，生活习惯上有问题，思想理念有问题，"三观"上也可能有问题，怎么办？七年之痒，没有激情了，怎么办？这时候就要换乘相伴成长号了，两个人必须在婚姻中成长，不能把婚姻看成是避风港。婚姻是一段新的航程，是一所永不毕业的学校。你在婚姻里是要学习的，而且要带动对方一起学习、一起成长，携手共进，要不然你走在前面，他落后了，你想爱他都不容易，因为他已经不可爱了。婚姻就是在尘世里的修行。

这一段的经营目标，就是共同成长。这个时期是婚姻存续的关键，由于年龄的增长，荷尔蒙消退，激情为主变成了亲情为主，这时候必须由恋爱伙伴过渡到知心朋友。而这其中的关键，就是交流和沟通，夫妻之间要有说不完的话才行。这个阶段的经营重点就是深层沟通。

如果夫妻双方到了没话讲的地步，甚至相看两厌，那就是出现危机了。就像企业，企业经营出现危机有危机处理方式，婚姻出现危机，也要有应对危机的准备。双方尽全力去解决婚姻的危机问题。

什么情况下才可以破产清算呢？夫妻间情绝恩断。过日子，其实是和一个人的人品过一辈子，互相不认可人品的冤家捆绑在一起也只能交叉感染，治疗起来比癌症还要难。一声珍重，且放手，是我们对彼此最后的爱。

这一段的经营重点是合则携手共进，彼此成就；分则相互珍重，各自安好。婚姻是家事，也是经营大事。具有经营智慧的人，知道企业不是人生的全部。婚姻也不是人生的全部，保持高品质的婚姻很重要，保持高品质的人生更重要。

缘分扩展最重要

婚姻生命的五个阶段中最难的是哪个？就是没有开始。没有缘起就没有缘结。所以我们重点谈谈缘分怎么扩展。现在大龄男女越来越多，看着都很好，但就是找不到合适的人。

我们可以先算一下账，看你一辈子到底能遇到多少人，有多少缘分机会。

我们在学习阶段能认识多少人呢？小学6年，中学6年，大学4年，共16年，假设每班40人，两年分一次班，等于有同学320人。其中有一半是同性，剩160人。160人中，适龄又没有对象的，大概占20%。剩下32人，32人互相交往，我们按八成淘汰率，剩两成，6人。

6 人再按 20% 的保持率，最后也就是 1 人。

再说职场缘分。工作 10 年，假设 3 年转换一次同事，一共转换 3 次。每次了解 100 人，一共了解 300 人。其中有 150 个异性。适龄未婚的 30 人。互相交往保持 20% 成功率，6 人。深度交往保持 20% 成功率，也只剩 1 人。

所以人一辈子在能够近距离认识的缘分中，只有 1/300。这怎么办？其实选择一些大概率的平台和大概率的通道就好办。选择大概率平台，结识更多人脉。

另外，你不要以为你的结婚对象全都是未婚适龄青年。因为这里有一个意外事件，就是你结了婚也不一定保险，现在北上广深有 37% 的离婚率。也就是说，在已经结婚的人里，有些你看着特别适合自己，现在人家已经名花有主，不要紧。因为 100 个人里头有 37 个人还要重组，这也是你的机会。

问题是我们从哪里结识到这些人？婚姻中介？相亲市场？其实都不太靠谱，因为你心里没数，不知道最集中的人在哪里，最好的渠道在哪里。

根据《中国婚姻家庭调查报告》的统计资料，我们做了一个分析，见图 35。

最大的婚姻连接点在熟人介绍，占 54.3%。其次，是同学。包括小学、中学、大学和业余学习的同学，占 18.2%。在职场里结识的占 17.4%。这三个渠道占约 90%。这是大概率平台。其他的占 9.1%，婚姻中介这一块总共能够促成的只有 1%。

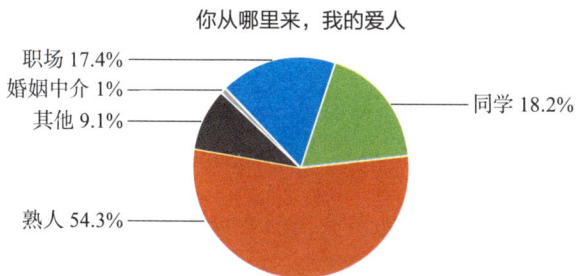

你从哪里来，我的爱人

职场 17.4%
婚姻中介 1%
其他 9.1%
同学 18.2%
熟人 54.3%

图 35 寻找结婚对象的渠道

而这个 1% 中，其实还有很多问题。

比如，相亲节目，影响力很广。但其实很多嘉宾上节目根本不是为了找对象，而是为了借助媒体让自己红起来。那些条件很好、从来不牵手的男士和女士成了节目里的"钉子户"。

各地也都有相亲角。上海的新闻记者用 54 个指标编码分析了 8 万多字的相亲内容，想要弄清相亲角的人们到底以什么为择偶标准。他们发现相亲者的父母把五大关键指标排在前边：颜值、房产、学历、年龄、薪酬。要见本尊，先要在大爷大妈这儿过五关。至于谈情说爱，对不起，先别扯那些没有的。这绝对是个商业市场，根本不是一个撮合爱情的地方。

套路最深的就是婚恋网站。比如你是女性，注册成功之后，立刻有男性给你发来站内信，如果你觉得对方不错，想要回信，要看对方的信息，就得先支付钻石币，或者购买更高一级的会员。购买之后，可能还要成为高级会员。有的人干脆一步到位，花了几万元买了高级会员。结果接下来的不是恋爱之路，而是漫长的退款和维权之路。

在聚投诉的网站上，婚恋平台的投诉最多。

有个网友叫锦华，在一家网站上认识了一个相亲对象。对方说他是驻叙利亚的美军，今年51岁，有一个7岁的儿子。交往了一段，到年底的时候，对方突然说他在美国的儿子生病，需要钱。但是联合国在这个营地不允许存钱，所以儿子的学校老师给他凑了钱，不过还差3200美元，问锦华能不能帮他。犹豫再三，锦华想钱也不算多，就让对方发银行账号，结果是一个开户行在许昌的招行账号。这很明显就是骗子了，但是人恋爱的时候会觉得对方好，总往好处想，所以锦华抱着一线希望把钱打过去了，最终的结果肯定是让她伤心的。

先恋爱，然后再慢慢找各种理由要你给他汇款，这是骗子一贯的套路。所以婚介市场套路深，我们要特别小心。

不能说婚姻市场中介都是无良的，但是自己一定要学会判断，只要里头加入了很多的商业成分，就很难防范欺骗的发生。

缘分中的桥牌和王牌

熟人介绍是广交友的一个重要方式。那熟人介绍，怎样提升成功率？

缘分中的桥牌和王牌能说明这个问题。

桥牌，就是指给你搭桥的那个人。俩人要先有连接，才有相恋的可能。所以这个搭桥的人特别重要。一个单身女性很少整天到处跟人说自己要找对象，但是如果她有一个姐姐，姐姐天天惦记着她的事，今天帮她找，明天帮她找，就很靠谱。如果你自己在300人里最多能够发现一个比较合适的人的话，那搭桥的这个人可能一个星期就给你介绍三个。

艾丽斯31岁，在休斯敦的一所图书馆里担任管理员，她在考虑成家，但是没有固定的男友，她的中学同学琼·奥尼尔对她特别上心，总想着给她介绍一个好男人。琼知道艾丽斯经常利用假期回米德兰探望父母，就跟自己的先生说了，让他帮艾丽斯找一找。恰好她先生的朋友坎贝尔孤身一个人在米德兰创业，所以夫妻两个开始牵线搭桥，希望把这两个人撮合在一起。

琼第一次建议艾丽斯和坎贝尔见面的时候，艾丽斯婉言谢绝了，她说知道坎贝尔是谁，但是她特别喜欢安静，不愿意参与坎贝尔的家族事务。但是琼这张桥牌好就好在热心肠，又跟艾丽斯提了好几次，建议他俩在一起聊一聊，说不定真能碰出爱情的火花。艾丽斯实在不好意思，就同意见面了。结果两人一见钟情，第一次见面就一直谈到很晚。第二天，坎贝尔就给爸妈打电话，说在米德兰遇到了一位极其优秀的女人，特别像妈妈。坎贝尔父母和艾丽斯见面之后，也喜欢上了秀美文静的艾丽斯。这次得来不易的见面，就是坎贝尔夫妇人生的一个转折点。

如果没有琼这张桥牌，哪来艾丽斯和坎贝尔的鹊桥相会？所以找到你的桥牌比自己着急要重要得多。也就是说，要想找到恋人，先要找到"链人"。你手头有多少能为你建立连接的人，决定了你能找到多好的恋人，这就是最好的通道。

你的爱商决定了别人愿不愿意跟你连接。如果你爱商很差，处世能力不好，从来不爱别人，哪有像琼这样的人爱你呢？你一定要结缘，很多的时候这个缘就在你旁边的那个人身上。他们不是你的结婚对象，但他们是你的链人。

如果男人和女人已经连接起来了，但是遇到了阻隔，比如遇到家长不同意，怎么办？婚姻遇到对方家庭障碍的时候，要通过对方的家庭中更有权威的人去解决。这样的人不是你的目标，却能助你达成目标，这种人叫王牌。

你不仅要做个有情人，还得做个有心人。遇到阻碍，不用一哭二闹三上吊，要借力、借势，找到同盟军。桥牌和王牌可以给你加分，大大提升你恋爱和婚姻的成功率。

五爱迭代，攀登人生巅峰

2008 年 4 月 28 日，一个男子被送到医院的重症病房。这个人姓李，44 岁，是江苏连云港的一名律师。李某被送到医院的时候，烧伤面积达到 50%，双眼可能会失明，尤其是生殖器官受伤严重。

李某本来有个幸福的家，职业也不错。2008 年，是他和妻子结婚 20 周年。李某由于职业原因经常出差，有时候几天都不回来。因为婚后有和其他女性交往的情况，所以妻子经常查他的手机记录和包。4 月 28 日凌晨，刚刚出差回家的李某又被妻子一阵搜查，最后实在忍不住，他提出离婚。妻子没说什么，李某就睡了。在睡梦中他突然感到脸上、下身一阵钻心的疼痛，原来是妻子拿了一瓶硫酸泼到了他身上。他想赶紧到洗手间去冲，结果妻子把被子捂上，死死地抱着他，抱了一个多小时。等到邻居来的时候，他身上还在冒烟。

庭审时，妻子说李某有外心了，要和她离婚。妻子非常害怕李某提出离婚，觉得李某就是她的命。李某最后在法庭上表示不追究妻子的责任。

但是这日子往下怎么过？他们有孩子，李某又毁容了，他们每一天都得面对这件事，这个坎能过去吗？就算过下去还有爱吗？要这种空壳的婚姻有什么用？这意味着爱已经中断了。

爱有五个阶段（见图 36）。

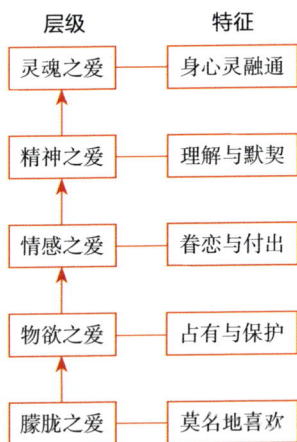

层级　　　　　　特征

灵魂之爱 ——→ 身心灵融通

↑

精神之爱 ——→ 理解与默契

↑

情感之爱 ——→ 眷恋与付出

↑

物欲之爱 ——→ 占有与保护

↑

朦胧之爱 ——→ 莫名地喜欢

图 36　爱的五个阶段

第一个阶段叫朦胧之爱，就是不知道为什么爱，情不知所起，一往而深。

第二个阶段是物欲之爱，我占有你，你占有我，你是我的，我是你的。

第三个阶段是情感之爱，我愿意为你付出，只要你好我就好。

多数人终其一生都在这三个阶段上徘徊。比如电视剧《过把瘾》里的男女主角就是这样。

方言和杜梅彼此相爱又不好意思说破，以至于一次又一次地闹误会。直到有一天，方言跟自己的哥们儿说他想结婚了，理由是他看不到杜梅会做梦，梦见她跟别人在一起，他醒来之后就哭了。之后，方言跟杜梅求了婚，他们就去领了证。他们新婚的第一天早上，杜梅醒来盯着方言的脸看了很久，不知道为什么就这样嫁给了他。

接下来两人总是因为各种鸡毛蒜皮的事吵架。方言说杜梅的衣服太花哨；杜梅逛街看到方言和贾玲在街上有说有笑，她就吃醋了，和方言大吵一架。又有一次，方言跟杜梅吵架了，说要跟她离婚，杜梅生气地摔了家里的东西，拿打火机点床单，然后又紧紧抱着方言，说："我就是因为爱你才这样！"这部电视剧的主题歌就是这样唱的：

爱有几分能说清楚，还有几分是糊里又糊涂。

情有几分是温存，还有几分是涩涩的酸楚。

忘不掉的一幕一幕，却留不住往日的温度。

意念中的热热乎乎，是真是假是甜还是苦。

这就是爱说也说不清楚，这就是爱糊里又糊涂……

第四个阶段是精神之爱，双方彼此理解，很有默契。

第五个阶段是灵魂之爱，双方身心灵融通。不管你在与不在，我最爱的都是你，就像赫本和派克。

而在本章开头的案例里，李某的妻子最多是物欲之爱，以占有为目的。但凡有了情感之爱，妻子都不会做出这种伤害他的事情。真爱的本质是理解和奉献。

精神之爱和灵魂之爱，作为高阶的爱，一个是跨越了时空，一个是跨越了生死。如果最简单地概括一下，可以归结为两个字：懂你。一个眼神就知道对方需要什么，甚至不用问，就知道对方在想什么。

在本章结束的时候，我送给大家我写的一首诗——《你懂我，我懂你》：

让我欣赏的人，有很多；

让我心动的人，只有你。

不是因为你玫瑰般地美丽，

不是因为我钻石般地珍稀。

从一见到一生的理由很简单，

你懂我，我懂你。

你遇到了风雨，我懂你的委屈。

我结下了果实，你懂我的不易。

根连着根，能抵挡风风雨雨。

手挽着手，跌倒了也在一起。

默默无语，也能感受默契。

隔海相望，也能体会悲喜。

心心相印，让灵魂有了皈依。

彼此滋养，让生命花开四季。

此生最幸福的回忆，

是你暖暖地，暖暖地住在我心底。

恒久之爱篇

Love Quotient

友情升华，结缘爱商闺蜜

在电视连续剧《我的前半生》中，唐晶和罗子君是一对闺蜜。两个人是大学同学，毕业之后，罗子君嫁为人妇，做了养尊处优的全职太太，把婚姻和家庭视为自己的全部。唐晶则成了职业女性，闯出了自己的一片天。

这两个人怎么能成为朋友？连唐晶的男友贺涵都忍不住吐槽，说："你整天忙得连饭都吃不上一口的人，去对一个每天吃饱了饭撑得没事干的家庭主妇随叫随到，图的是个什么？"唐晶对罗子君完全没有防备之心，数次让贺涵替代自己帮罗子君的忙。罗子君被前夫抛弃了，住在唐晶家里。唐晶出差的时候，就让贺涵给罗子君送午饭，开导她。罗子君没有工作，唐晶让贺涵帮她找工作，给她职场建议。罗子君的小孩叫平儿，不太喜欢新房子，她就让贺涵买玩具哄平儿开心。甚至当唐晶对贺涵心灰意冷逃到香港的时候，她还在飞机上给生命中最重要的这两个人发信息：一个是给罗子君的，说有问题找贺涵；一个是给贺涵的，叫他多帮罗子君。

罗子君也实实在在地用闺蜜，让闺蜜替自己出手讨公道，让闺蜜出手斗"小三"。最后斗来斗去，自己变成了"小三"，和贺涵走到了一起。最后底牌亮出来的时候，唐晶如梦初醒。

在我们的爱情生活中，会有很重要的非血缘关系的人。第一位，就是你的另一半。第二位，是你的哥们儿或者闺蜜。理想的朋友关系，男人之间叫兄弟，女人之间叫闺蜜。

所谓闺蜜，就是相互之间无话不谈的女性朋友或闺中密友。闺蜜知道你所有的幸福和快乐、忧伤和恐惧、失落和尴尬，甚至你的父母、爱人都不知道的事，闺蜜都知道。

但现在社会上有这样一句话，叫"防火防盗防闺蜜"。《香水有毒》的词作者陈超，就写了《防火防盗防闺蜜》这首歌，歌里唱道："嘴里说的是甜言蜜语，却看不清她的面具。一直你对我很好，没想到你是脱了贼外套。"

其实，闺蜜如果要防，那她根本就不是真闺蜜。问题是你的闺蜜是唐晶还是罗子君？如果是罗子君，那确实要防着。如果遇到了唐晶这样的闺蜜，那就是完全不同的结果了。那么我们应该怎么选闺蜜？有没有标准？

有的。本章我们就分享现代闺蜜的六条标准（见图37）。掌握了这些标准，就知道她是不是你该结交的人。当然这个标准也适用于交朋友、交哥们儿。

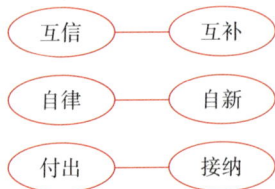

图 37　闺蜜的六条标准

第一对，互信和互补。知心好友的标准，第一条就是彼此之间要信任。彼此防范，那就不是亲密关系，而是一般关系。除了信任，还要互补，性格、能力都要互补。真正的闺蜜，一般都是你的长项是我的短项，我的长项是你的短项。比如一个急性子、一个慢性子，一个活泼开朗、一个比较内向。

第二对，自律和自新。给闺蜜立规矩，这相当无利，也相当无效。规矩是自己给自己立的。一个自觉的闺蜜，她知道做人的底线是什么，也绝不突破这个底线。这就是自律。

我们在中学时有闺蜜，在大学时有闺蜜，到了工作岗位也会有闺蜜，但是有些闺蜜会逐渐就不来往了。一个原因是空间，另外一个原因就是两个人的差距越来越大。一个人在不断进步，另一个人还在原地踏步。很多在发达地区生活的人回到老家，和往日的闺蜜接触的时候，总觉得她已经不是当年那个她了，没有印象中那么美好了。就是因为她没有成长。夫妻之间彼此都要成长，更何况闺蜜、朋友？一个在原地不动的人，很难跟得上时代的节奏，也很难跟得上闺蜜的成长步伐，两个人的话会越来越少。

第三对，付出与接纳。闺蜜会相互付出，这一点是肯定的，如果没有付出只是接纳，肯定不行。关于接纳也要特别强调一下。假如你的闺蜜很有能力，能帮助你，你却说不要她的帮助，因为你怕欠她的情。或者你的闺蜜总是接纳你的帮助，却从来不肯帮助你，这两者都有缺陷。我们应该坦然接受闺蜜的帮助，同时尽自己所能去帮助闺蜜。在这一点上，所谓的对等不在于帮助量的大小相等，而在于你是否尽力了。这不是商业上的交易关系，而是感情上对等的关系。有付出、有接纳才能够形成一个良性循环。没必要一报还一报，今天你帮了我，我明天就要帮你，达到一种平衡。那叫客气，是对待外人的原则。

电影《七月与安生》里的一对闺蜜就是典范。七月家庭条件好，父母恩爱，她也是个乖乖女。而安生从小父亲就过世了，她调皮捣蛋，有点叛逆。可就是这样两个家庭环境和性格都迥然不同的女孩，却成了比亲姐妹还亲的闺蜜。七月经常把安生带到自己家，一起吃饭，一起玩耍，一起睡觉，甚至一起洗澡，分享着彼此青春期生长发育带来的神秘变化。

后来，七月与安生同时喜欢上了一个叫苏家明的男孩。七月喜欢这个男孩，男孩却喜欢着安生。好闺蜜没有因为一个男孩而反目。在爱情和友情之间，安生选择了友情。她背着背包去流浪，随处安身，把机会留给了闺蜜。七月嫁给了家明，而家明的心却依恋着安生。后来当七月明白了家明所爱的是安生的时候，从婚姻里跳了出来。在友情和爱情之间，七月也选择了友情。可安生最终也没选择家明，她怕伤害七月。这就是闺蜜关系的最高境界，可以为彼此的幸福而放手。

我记着你的好，全心全意为你好，但是不着急，这是一个长期的关系。谁都有困难的时候，闺蜜往往就是不求锦上添花，只求雪中送炭。

如果用一个最简单的词来形容闺蜜之间的关系，叫心疼。互相心疼，我心疼你，你心疼我，这才是情感之真的一个顶点。

在电视剧《谈判官》中，童薇和夏杉杉就是这么一对互相心疼的闺蜜。夏杉杉跟齐如海交往的时候，齐如海还和前妻藕断丝连，所以两人始终修不成正果。童薇也有自己的麻烦，但是她和夏杉杉之间，互相为对方操心，我替你着想，你替我着想，甚至为了劝说对方做出正确的决策，两个人还闹掰了，最后又在病房里互相理解，重归于好。

一辈子能有几个这样的闺蜜，绝对是人生一大幸事。因为很多话不能跟父母讲，不能跟兄弟姐妹讲，不能跟老公讲，但是可以跟闺蜜讲。如果一生中能有这样一些好闺蜜，那我们的生活、我们的情感境界就会到达新的阶段。

所以，不要再说"防火防盗防闺蜜"。寂寞时闺蜜是知心人，决策时闺蜜是主心骨，失落时闺蜜是开心果，遇难时闺蜜是避风港，无助时闺蜜是保护神。

我们对大量在婚姻中自杀的现象做了分析，发现很多人自杀，就是因为自己想不开，又没有可交流的对象，所以寻了短见。如果有了好的闺蜜，她可能会在你生命最脆弱的阶段，成为你的避风港。

我们对闺蜜有要求的同时，也要回看自己。在她寂寞时，你有没有做她的知心人？在她做一个很艰难的决定时，你有没有成为她的主心骨？在她失落时，你有没有成为她的开心果？她遇到困难了，你有没有成为她的避风港？在她无助的时候，你有没有挺身出来保护她呢？也就是说，自己也同样要符合这些要求，要对闺蜜尽到闺蜜的义务，这才叫好闺蜜。

另外，我们一般讲的都是同性闺蜜，有的人也有"异性闺蜜"。与异性闺蜜如何相处？我觉得男性和女性如果在一定的界限之内，完全可以成为一生的好友。但是还要看你的另一半怎么看。

第一，如果你的另一半是个"醋坛子"，你得想办法把这个醋调节好，必须对他公开透明。如果他坚决不同意，你需要再做考量。

第二，如果你的另一半无所谓，那你也要做到不过界，让另一半理解你，并有好的感受。

妙手回春，救治濒危婚姻

电影《消防员》讲的其实是家庭情感问题。消防员凯勒和妻子凯瑟琳都不能够理解彼此工作中所面临的压力。在日复一日关于工作、钱财和家务事的争吵之中，他们都不得不承认：这段婚姻已经走到了尽头。

影片中他们吵架的起因都很小，比如凯勒回到家里没饭吃。但是情绪爆发的时候，什么难听话都能说得出来，比如"我恨不得你去死"。

凯勒是个救火的英雄，他的座右铭是永远不要把同伴抛在后面。救火的时候，本来他已经出来了，发现同伴还在里头，又冒着生命危险回去把同伴抢救出来。但是他自己的这句格言却没用在妻子身上。家庭婚姻着火了，他就让妻子生活在这种水深火热之中，没有一点办法去解救自己，解救妻子。凯瑟琳是当地一家医院的公关主任，本身是做人际关系工作的，但是处理不好夫妻关系。所以两个人一致认为，这是一段失败的婚姻。

在我们的生活中，多少夫妻都是由于这些吵闹导致了分离。2018年的统计数据表明，全国有 1010.8 万人结婚，446.1 万人离婚。到了 2019 年，全国结婚的是 947.1 万人，离婚的是 415.4 万人。结婚的人少了。2020 年，有些城市的民政局传来消息，因为"新冠肺炎"疫情的关系，很多人要求离婚。为什么？因为天天待在一起，有很多鸡毛蒜皮的事让夫妻双方不再是恩恩爱爱，而是你争我吵。

那离婚了再结一次婚会怎么样？根据我们对婚姻的研究调查，其实不怎么样，有的人再结一次，还是原来那样。因为他处理夫妻关系的能力没变，和谁结婚都一样。

那应该怎么处理夫妻关系？

假如我们是影片《消防员》中的主人公，遇到了这样的问题，该怎么去解决？这里我们提供给大家一个基本的工具和方法，妙手回春，救治濒危婚姻——QP 五步法。

第一步，对现状进行评估。通常情况下，如果婚姻出现了危机，我们一个自然的反应是什么？是不是"我该怎么办"？其实这是个错误的反应。专业的反应是，"现状到底到了什么程度？""已经到了危险的程度吗？""到了感情破裂的程度吗？""我恨他吗？""我一分钟都不想和他在一起吗？"

如果你恨他恨得要死，恨不得杀了他，说明你还爱他。因为爱的反面不是恨，爱的反面是冷漠、无动于衷。他是不是个人，都跟你没关系，你根本就不想他。你如果还处在愤怒之中，其实是一种求爱不得的情绪。如果你还在恨他，这件事在你这个方面还有挽回的余地。

一般来说，婚姻关系可以划分为五个级别：无风（气氛和睦，风平浪静）、微风（小有不同，可以协商）、大风（时有争吵，冷热交替）、狂风（各执己见，难以协调）、暴风（人格否定，人身侵犯）。

评估现状时，先看双方处在哪个级别上。要客观地看待自己和对方，婚姻是个交互关系，风平浪静或风浪汹涌，都是两个人共同作用的结果。并不是你没有过失，对方就会认可你，也并不是一个人努力，家庭就会美满。简单地说，你要评估：如果重新来过，你可不可以做一个称职的妻子？他可不可以做一个合格丈夫？如果这两个回答是肯定的，可以再进行接下来的步骤。

四川女子小芹与丈夫从成都返回什邡市，为回娘家还是婆家，夫妻俩发生激烈争执。酒后的丈夫突然刹车，随手拿起一片剃须刀片，挥向坐在副驾驶座的小芹。划了三四刀后，小芹才反应过来，她抱着 5 岁的女儿，大声呼救，拼命将脸埋在孩子背后，但始终逃不开丈夫的刀片。女儿也被惊醒，在车里大声哭喊。最后小芹脸上被划了 24 刀。

丈夫为何要下此毒手？还有隐情。自 2003 年两人结婚，丈夫就一直猜疑小芹有外遇，并经常因此打骂她。事发前半个月，小芹因参加同学聚会，再次遭到丈夫打骂。她一气之下到成都住了半个月，后经亲友劝解才回到什邡。这次事发之后，丈夫向当地警方自首。

像这样的情况，已经到达了暴风（人格否定，人身侵犯）的程度了，因为对方歇斯底里的行为，已经涉嫌故意伤害罪，应承担刑事责任。他们面对的已经不只是保不保婚姻的问题，还有保不保性命的问题了。面对这样的现状，目标肯定是离婚。

第二步，评估完现状，根据现状制定目标。假如到了非离不可的程度，你的目标应该是好说好散，解决一系列问题。因为婚姻和爱情不一样，它会涉及财产和子女问题，这时候恩恩爱爱已经没有了，情感的前提不存在了，两个人特别清醒，就像在商场上讨价还价一样分配财产和子女的归属。所以这时候的目标应该是离得体面一点，让对方和自己，包括孩子，保持尊严。

如果处在还能挽救的程度，要不要挽救？接下来你的目标决定了你的方法。

第三步，要考虑现状和目标之间有什么障碍。很多人觉得有了目标就要考虑对策，其实还没到那一步。要考虑清楚，哪几个问题构成了我的障碍。是情感问题、习惯问题，还是父母孩子问题？或者是财产问题？

把障碍找到。对策是用来破除障碍的，跟障碍无关的都是无效劳动。

第四步，开始考虑对策。所有对策都要对准第三步找到的障碍，一一破除。

做完这四步，就能解决问题了吗？还不行。还有一个特别为人们忽视又特别重要的点，就是要考虑代价。一桩婚姻也好，一段关系也好，已经走到这样一个糟糕的地步，你想解决它，一定不是那么轻而易举的，肯定要付出一定的代价。你愿意为达成这个目标去付出什么代价？你付得起这个代价吗？有些代价你是付不起的，所以必须考虑自己能不能付得起代价。如果付不起，那就调整目标，改变对策。

这几个问题像一盘棋（见图38），左边是现状，右边是目标，中间是障碍，上边是对策，下边是代价。这五个点合上了，我们解决问题就有了希望。

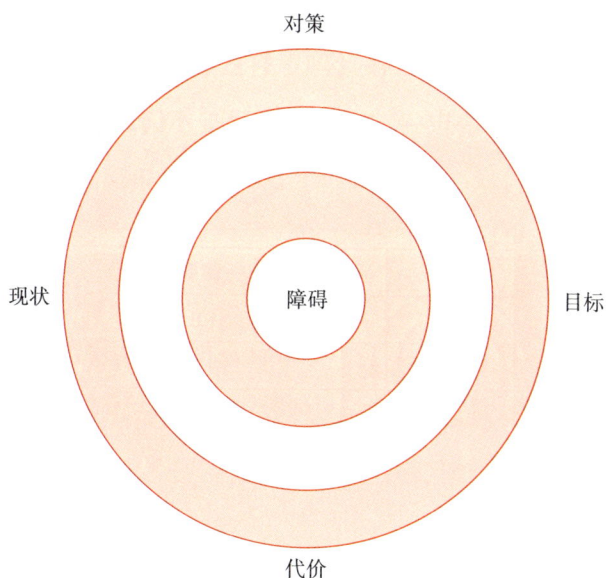

图38　QP 五步法

现状是关系的安全程度，目标是可衡量的期许。障碍是可克服的难点，如果障碍根本不能克服，你列出来也没有用。往往克服不了的障碍，就是你内心的观念和理念。对策是可实行的措施。这个对策说出来，不能落地，不能实行，也没用。比如双方有一个男孩，男方家里三代单传，特别喜欢这个男孩，而且为抚养这个男孩付出了很多。女方通过离婚一定要把男孩要过来，去惩罚男方全家。这个对策就不太可行。

其实离婚这件事，往往不是在正确和错误之间选择对策，而是在一个大错误和一个小错误之间必须选择一个错误来自己承担。两利相衡取其重，两害相衡取其轻。要选择一个较小的代价来实现一个较好的目标，把代价控制在可承受的损失范围之内。

悲剧，因你的能量流失而上演；美好，因你的能量充盈而发生。

这个方法也可以用在解决一切问题上。但难点是什么呢？就是对现状的评估和对目标的确定。我们以为现状很坏，但其实还有挽回的余地。我们以为目标是能够达成的，但其实根本达不成，最后两败俱伤。这怎么办？最好让第三方来出个主意。

第三方一般不指父母家人。父母家人可以在结婚之前出主意做参考，但在遇到离婚问题时，毫无疑问，他们的主意很难客观。哪个父母不爱自己的孩子？他们一定会站在你的立场上去考虑。

在电影《消防员》中，凯勒的父亲维恩，发现自己的儿子和儿媳妇出现了问题。他先出面调解他们的矛盾，发现不管用，然后说服儿子带凯瑟琳去参加一个以一本书为基础的名为"挑战爱情"的长达40天的实验之旅。这其实跟"爱商"课程里正在实践的方法——打卡类似。

在父亲的劝说之下，凯勒同意了这个计划，就开始尝试。刚开始妻子并不认账，怎么对她好，她都无动于衷。一个星期过去了，两个星期过去了，凯勒要放弃，维恩还是让他继续做，说虽然表面变化没出现，但其实她的内心肯定有改变。"我知道其实你还爱着她、她还爱着你，这份爱是上帝赐予你们的礼物，所以你要去实现，要去坚持。"快到 40 天的时候，凯瑟琳突然问凯勒："我们还有可能吗？我们还可以再爱一次吗？"

凯勒在抢救爱情的 40 天中，他打卡大概是什么样子的，我们选取几天来看。

第一天：今天，请努力，不说有关配偶的坏话，是的，一句也不说。其实我们吵起来之后，经常会忍不住说对方坏话，勾起伤疤。而且夫妻了解对方太彻底，更知道怎么戳对方的痛点。所以第一天，学会不说坏话。

第二天：至少做一件让配偶意想不到的事情，来表示你对配偶的好意。

第四天：给配偶打个电话或留个言，看能否帮他／她做点什么。

第五天：列出他／她的优点。时不时从中找出一两项，来赞扬和感激他／她。这一条很重要。有的人一辈子为对方付出，对方都觉得这是应该的，从来没有一句感恩的话，也没有一个感恩的表示。所以从自己改起，列出别人的好处和优点，一项一项勾选，记得不要一下子表扬完，要细水长流。

　　……

第十一天：你的配偶有什么需求正好是今天你可以满足他／她的吗？我们很多时候会忽略对方的一些需求。找回我们的爱，找回我们的温暖。

第十二天：在你和他 / 她意见分歧的一个方面，心甘情愿地选择妥协和让步。很多夫妻，他们为什么最后闹到不可收拾的地步？就是一方总是妥协，另一方一次也没有妥协过。每一次都是一方先认错，先和好。不可能全是一方对，另一方错吧？承认自己不对，然后做出让步和妥协，而且这里特别重要的是要心甘情愿地做出让步和妥协。

……

经过这 40 天的打卡，这桩婚姻抢救回来了。

打卡就是这样，它是一个微改变的过程。说实在的，改变之后，很多人都会发现自己都不知道自己有这么好，原来自己完全可以改变成出乎自己意料的好。

所以，爱即修行。他不过是另一个你，你病了他就病了，你好了他才能好。要不然一个人好了，另外一个人还携带着病毒，还会一起得病，要防止这种感染。

《爱自己，和谁结婚都一样》是著名的心理学大师爱娃写的一本书。我觉得她其实没说到点子上。谁不爱自己呢？要会爱自己才行。所以我们给大家的忠告是：首先要会爱自己，有爱商；有爱商，和谁结婚都一样。

贤妻五能，保护幸福之城

在高手林立的好莱坞，李安有《卧虎藏龙》《断背山》《少年派的奇幻漂流》这样的电影成绩，非常厉害。可当初李安从纽约大学电影制作研究所毕业，出师不利，写剧本没人用，谈合作计划泡汤，干啥啥不行。失业在家的李安只好看书，写剧本，买菜，做饭，接送小孩。做了六年家庭煮夫。

他的妻子林惠嘉善解人意，在这六年中，别人都着急了，林惠嘉还特别淡定，她说不着急。她博士毕业后开始工作赚钱，撑起了这个家。对男人来说，另一半的自在坦然比压力更能让他轻装上阵。当了六年煮夫之后，李安的才华才逐渐展现。他手捧奥斯卡小金人时，说自己最感谢的就是妻子，她给了自己最大程度的自由，能够让自己完全沉迷在事业中。

为了让他能够安心于事业，林惠嘉不但撑起了半边天，甚至把全部天都撑起来了。她生第一个孩子的时候，李安在外地工作，她觉得羊水破了，就自己开车去了医院，医生甚至以为她是弃妇。生第二个孩子的时候，李安已经成名，他守护在产房里头。林惠嘉说，你总在这儿待着，你走吧，你也不能替我生孩子。

林惠嘉是个特别有主见的女人，她不会让男人走偏。当初李安做煮夫六年，连邻居和朋友都看不下去了，议论纷纷，说她这个女博士怎么找了这么一个软饭男，得让他出去工作啊。她挡住了这些风风雨雨。后来她的母亲也着急了，说开餐馆不错，给她拿钱去开餐馆。她又挡住了，让母亲不要管，让李安安心写作，搞电影。最后李安自己也动摇了，说要不他去教计算机。林惠嘉说："天下教计算机的人那么多，那不是你的梦想所在，你安心做你的电影就行。"这一点非常厉害，她给了李安一个自由生长的空间。

所以李安在自传里这样形容林惠嘉：太太性情刚直专注、独立聪明，和她所学的微生物科学理性中带细腻的性质很像。

其实林惠嘉理解了一个男人被压抑的雄心，这就是贤妻。

我们做了大量的统计，发现了一个规律，在幸福的家庭中，80%都是女性在主导，20% 是男性在主导。而且婚姻越长，女性主导家庭的比例越高。比如金婚阶段的夫妇，家里女性做主导者的比例达到了95% 以上。

这到底是为什么？

理论研究发现，女性先天就具备这种领导力。妻子对家庭的贡献普遍高于丈夫。妻子对家庭的贡献是由她的能力决定的。所以我们通常会说，好妻子叫贤良之妻，也就是贤妻。每个男人都希望娶到这样的妻子，每个女人也都想做这样的妻子。那我们用现代的眼光去看，贤良之妻有什么样的特色，又有什么样的要求和能力呢？

贤妻的五种能力

说到贤妻，我们肯定都能想起来钱钟书对杨绛的评价："最贤的妻"。杨绛先生那种高度，说实话，我们很难达到。但是，总的来说，要想做贤妻，需要具备五种能力（见图 39）。这五种能力就把我们的爱之城四边都保卫起来了。

第一种能力是相夫。在夫妻关系中，相夫是最重要的。"相"其实是帮助、辅助的意思。再延伸一下，与丞相、宰相的"相"是一个意思。也就是说，妻子要帮助和辅助丈夫，让他成长，让他成事，甚至让他成人。这是贤妻的第一种能力。

现在很多家庭中，妻子以孩子为中心。以孩子为中心其实是个阶

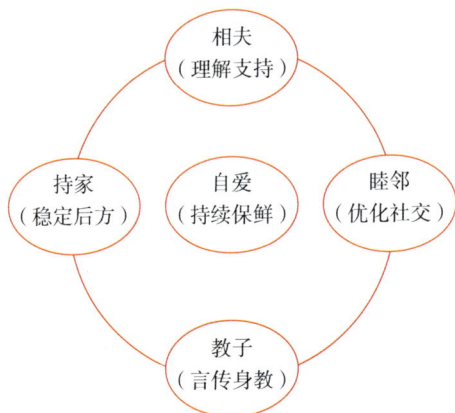

图 39　贤妻的五种能力

段性的任务。比如哺乳期，孩子幼年时期，都需要以孩子为中心，但从其一生来讲，妻子和丈夫的关系才是第一关系。所以这个关系一旦牢固了，其他的关系就好办了。

第二种能力是教子。教育孩子。教育孩子不是单纯地给孩子做饭、洗衣，辅导孩子做作业，它的本质是言传身教。在孩子小的时候，这种言传身教起到了不可磨灭的作用。孩子长大之后也是这样，夫妻行得端，坐得正，家风就正，孩子就正。夫妻有问题往往会影响到孩子。有一些夫妻关系恶劣的家庭就很难锻炼和成全孩子。

第三种能力叫持家。如果说一个丈夫在社会中拼搏叫出海，家里就叫港湾。港湾也是需要经营的。现在很多女士在外面担负着相当大的事业方面的责任，在家庭中还要承担着持家的责任。经营家庭和经营事业一样伟大。经营家庭绝对不亚于经营一家公司，因为这世界上最难经营的就是夫妻关系。能够经营好夫妻关系的人，经营其他的组织、社团也不在话下。有很多人做企业的经营者、组织的经营者做得超级棒，但是自己家里搞得一塌糊涂，为什么？家庭的经营、爱情的经营几乎需要达到很高的水平才行，而事业的经营达到一般水平已经相当不错了。

第四种能力叫睦邻。优化社交。家庭是在整个社会关系中存在的。你结婚后，不仅仅是嫁给了他一个人，而是嫁给了他的整个社会关系。他的父母、兄弟姐妹、朋友，他的社交圈都会影响到你们的婚姻。

这四种能力构成了女性作为妻子的基本能力。但是要让这四种能力成长和发挥出来，**还有一个更核心的能力，就是自爱。**自己爱自己，让自己成长，才能够持续保鲜。自爱包括尊重自己的身体，尊重自己做人的尊严，尊重自己成长的权利。

很多夫妻离异案例中，是因为妻子没有成长，被丈夫落在了后边，两个人已经不能同频共振了。作为妻子，你有责任去成长；作为先生，你也有责任和妻子同步成长。你们都成长了，孩子也会更好。没有自爱，其他四种能力就没有源源不断的能量注入，就会落后。

夫妻要长久牵手，牵手自然需要够得着，要比翼才能齐飞。别以为感情稳定就好，幸福才好，最幸福的事是牵手向前跑！

自我更新，不断保鲜

女性如何自爱呢？首先要做到自我更新，不断保鲜。能够一生幸福的，不是又精又灵的人，而是有始有终的人，是保持着新鲜感的人。

女人就像玫瑰一样，只有不断保鲜，才能够人见人爱。

如何保鲜？现成的解决方案很多：注意饮食，按时作息，常做美容保养，常去健身房，可惜多数人都没有那个意志力死磕，经常是好不容易下决心订一个计划，几个星期就作废了。

所谓青春常在，到底奥秘何在？这首先是个生命规律问题。进入青春期的女人，就像玫瑰的含苞待放期，看到喜欢的异性，想入非非，蠢蠢欲动，想控制都控制不住，这是荷尔蒙在作怪。什么是荷尔蒙？直白地说，就是激素，是一种能在组织器官中发挥某种效应的微量化学物质，能对人的生长、发育、代谢、性欲等起到重要的调节作用。

对男人来说，雄性激素分泌旺盛，身体开始强健，性趣日益增长；对女人来说，体内雌性激素分泌旺盛，皮肤变得有弹性和光泽，眼睛变得晶莹透亮，性格会变得温柔可爱，人体曲线变得凹凸有致。女子妙龄，哪个男子不钟情？从这个意义上可以说，荷尔蒙是最高级的美容品。

15 岁左右开始的花期，到 25 岁左右就渐渐衰退。就像有一首诗写的那样：**于是灵魂的悸动与青春的荷尔蒙褪散，不再如烈日火焰，在炽热消减的午后，她收尽苍凉，悄悄下沉在黄昏后的远山。**

女性年龄增长后，荷尔蒙会减少，直接的表现是皮肤衰老和体型改变。脸上肌肉松弛，开始失去光泽，毛孔变得粗大。由于女性雌激素在人体糖、脂肪的代谢过程中起到重要作用，当雌激素减少后，就会影响糖和脂肪的代谢功能，继而导致身体发胖，体重频频亮起红灯。

生理、心理方面也都可能出现问题：周期紊乱，容易疲劳，失眠多梦；性格开始变得烦躁、多疑、郁闷、易激动，甚至出现了性冷淡，也没有心思去打理自己。

你的容颜出卖了你的态度，你的身材暴露了你的堕落。美容、瑜伽、健身和减肥之类的，确实有必要，但问题是，除非你是狠人，否则没有几个人能修炼成林志玲、赵雅芝这样的不老女神。因为你打不赢强大的荷尔蒙之神。你减肥，它给你增脂；你补充胶原，它让你亏血。抓住荷尔蒙就赢得轻松多了，在两位医学博士发起的一家梅利奥私人健康定制中心里，我观察过21天荷尔蒙激活营地。有位女企业家分享了自己的感受：短短21天，奇迹出现了。不是一般的体重减轻，而是脂肪下降，肌肉含量上升。不是一般的美白，而是皮肤紧致，有了弹性。更关键的是，情绪大好，眼睛开始发亮了，心里开始萌动了，感觉世界好像由灰白重新变成彩色的了。

让青春做伴，首先是让荷尔蒙做伴。但是，这只是生理荷尔蒙，生理荷尔蒙到达高峰，之后就走下坡路了。所以我们还要找到其他荷尔蒙来保鲜（见图40）。

图40　四种荷尔蒙

比如情趣的荷尔蒙，如果一个女人一点情趣都没有了，只会持家，就像橘子一样，开始是汁浓色艳，到最后就干瘪了。什么叫情趣？做家务、做饭不是情趣，厨艺叫情趣，花艺叫情趣，愿意和丈夫一起旅游，出去浪漫，这叫情趣。女人要有这样一些情趣，让自己鲜活起来。

另外，事业的荷尔蒙。事业其实也是一种情趣。很多女人为什么天天盼着丈夫回来，丈夫一回来就跟他唠叨？因为她没有事业，所有的兴奋点都在丈夫一个人身上。而有事业的女人就会特别鲜活。

最重要的，就是真知的荷尔蒙。女人要不断获取新知识，能够跟丈夫交流，跟朋友交流，跟闺蜜交流，跟孩子交流。有知识滋养的女人，永远不会面目可憎，语言乏味。精神的滋养会让你越来越亮，越来越美。不但自己漂亮，还会把周围照亮，把一个家照亮。

爱的八种表达方式

电视剧《金婚》中有一个情节，佟志和文丽因为一件小事吵了起来。吵到最后要分开。

"有事？"

"就这么着永远都不说话吗？"

"是谁不想跟谁说话呀？"

"咱今天别吵，好好谈谈，成吗？"

"要是还有的吵，也不至于到现在这个程度。我告诉你，佟子，你现在坐在这儿，我觉得你很陌生，我简直不认识你。"

"我也没想到，怎么会变成这个样子，我也很难过。"

"你还难过？这个家对你还有什么？你不早就想把它当累赘一样甩

掉吗？"

"说了不吵，不吵。"

"我一说话就吵，那我不说，你说。"

"咱们这么下去，实在是太没意思了，既影响孩子，又影响咱们的工作，你说是不是？"

"什么意思？"

"什么我什么意思？这不是咱俩的意思吗？"

"你说清楚了。"

"你别以为一说到这事你就一肚子委屈，我告诉你，现在谁都不容易。"

"你说呀。"

"你不要用这种态度嘛。"

"我什么态度？啊？你要没什么正经话，你就走人。家里事你不管不顾，我还得伺候老的、小的，我还得洗衣做饭。"

"你就永远这样，永远抱怨，永远指责，不管我做什么，怎么做，你永远都不会满意。"

"我就是这样，怎么着？"

"说好了咱们不吵，不吵。太没意思了。"

"我觉得也是。"

"咱分了吧。"

"成。"

光看这段文字，就能感觉俩人过不下去了。他俩在婚姻中到底出了什么状况，导致吵架要分开？

用贤妻五能的观点来看，文丽在教子方面不行，儿子不断惹祸，在相夫方面也不行，睦邻和持家也都很弱。按理说，在当时，文丽是小学数学老师，有文化，佟志是技术员，两人结合在一起是很好的。但是接下来，文丽的眼光都放在了佟志身上，一天总追究他干什么去了，放弃了自己的成长。没成长就没能量。而佟志成长得很快，成为工程师，又成为厂长，非常招人眼。文丽不思进取自己不成长，而是要死死地把他拉住。比如上级安排佟志到分厂去，这是他的一个机会，但是文丽不让他去，结果两人距离越来越远。

有一个情节，佟志请人喝咖啡，一共28元，他先掏出来14元，然后把口袋里的零钱全掏出来。对方是一个崇拜佟志的女性，自己去付了钱。文丽把钱和人都看得紧紧的。

经历了多年痛苦，双方都开始改了，文丽开始成长，才把自由给了丈夫。

金婚纪念日的时候，孩子们送了他们一副对联：

半世纪牵手，养儿育女，柴米油盐，苦也恩爱，乐也恩爱，磕磕绊绊终不悔。

五十年同心，事业家庭，酸甜苦辣，苦也甜蜜，笑也甜蜜，风风雨雨永相随。

很多家庭都是这样，很多痛苦都来自于能量不行了，当你的能量上来之后，环境就开始变化，对方也开始变化，如果我们成长了，就会少走很多弯路，而不是中间有那么多磕磕绊绊。

《金婚》里的这一对夫妻吵吵闹闹，最后没散。从表面上看，好在他们还在吵架。因为如果连架都不吵了，这基本上感情就没了。

那么有没有从来就没红过脸的夫妻呢？肯定也有。但是不会多。那总是吵架的夫妻，就像佟志和文丽，也过到了老。也有吵闹的夫妻分了手。

我们研究了很多到了金婚阶段的夫妻，发现他们都有一个关键词，包容。

人到中年的时候，各种矛盾聚集到一起，该怎么去解决呢？

没学过"爱商"课程的人很悲哀，他们互相在意，但只会用吵架这一种方式来表达，这就是个悲剧。

其实表达的方式有很多种，有更美好的表达方式，干吗要用这种让双方都焦虑的表达方式呢？爱一个人，到底要如何表达出来呢？我们研究了爱的八种表达方式（见图41）。

第一种叫感官表达，分为两类。首先，把自己的美好形象展示给丈夫，展示给你在乎的人，这个其实就是一种爱的表达。为什么谈恋爱的时候，我们每天都把自己打扮得那么鲜亮，一旦结了婚，不顾自己的形象了？这其实是爱在下降的一个表达。其次，温情感受，就是让他有这样一种感受，这种感受是无形的，是暖暖的。

第二种叫语言表达，分为两类。一种语言叫轻柔的语言，轻声慢语，足够耐心。其实轻柔的语言是一种心理按摩。还有一种语言叫赞美的语言，就是要赞美对方。

```
              爱的表达方式
      ┌────────┬────────┴────────┬────────┐
   感官表达    语言表达        行动表达    介质表达
   ┌──┴──┐   ┌──┴──┐        ┌──┴──┐   ┌──┴──┐
美好形象 温情感受 轻柔语言 赞美语言 关爱陪伴 接纳行动 通信工具 非常礼物
```

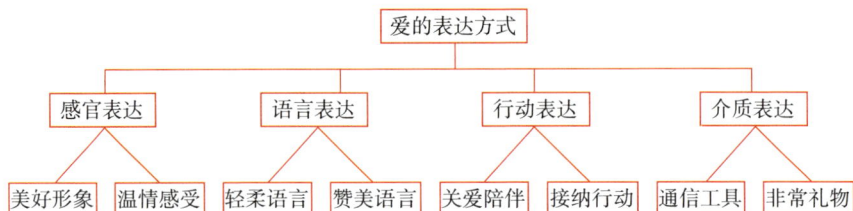

图 41　爱的八种表达方式

第三种叫行动表达。第一个行动是关爱和陪伴，这很重要。我们一定要留出足够的时间来陪伴另一半。很多家庭有了孩子之后，注意力就聚焦在孩子身上了，夫妻之间没有了单独相处的时间，也就少了很多交流。文丽其实就是一个代表，她把所有的精力都用到孩子身上，把丈夫冷在一边。所以一定要设计夫妻时刻。第二个行动，也是最高级的行动——接纳。最大的仁，最大的慈，是当别人发生错误的时候给予理解和原谅，接纳他们。

在电视剧《金婚》里，文丽不理解，不原谅，结果两个人越来越对立，走得越来越远，婚姻到了崩溃的边缘。佟志的妈妈有一段话说到了点子上。她说："我知道，他会走错，他会走失，但他走不远的，他还会回来的，文丽你千万要记着给他留一条回家的路。"这个时候文丽才开始转变，开始接纳，最后才有了金婚。

第四种叫介质表达，就是通过物来表达。物是什么？可以指通信工具。在通信工具不发达的年代，书信是最好的表达方式。爱人之间你来我往，谈一场恋爱，可以有几百封信。最美的时刻其实不是在一起的那个时刻，而是在想念和表达的那个时刻，所以那一代人的爱情会更持久。现在通信工具发达了，微信、电话多了，联系的频率高了，但也加快了爱情的衰老过程。

物还指非常的礼物。很多人想法特别匮乏，送礼送 99 朵玫瑰，再多一点，送 999 朵玫瑰。其实，可以发挥想象力来做一点别的东西，给他一件意想不到的礼物。礼物不在大小，不在钱多少，一定要送到心上，送到他最在意的那个点上。

我们可以把这八种表达方式列出来，打出相应的分数。看自己在哪一个方面比较弱，在哪一个方面比较强。最有效的，往往就是在你比较弱的地方来表达，会取得更好的效果。

那好的表达是什么样子的呢？我们可以看看朱生豪的作品。在爱情书信方面，我觉得《朱生豪情书全集》中的字句是那一代人最好的表达。朱生豪 1912 年出生，1944 年去世，是一位著名的翻译家、诗人，共翻译莎士比亚剧作 31 部。他在 20 岁的时候，认识了宋清如，两人一见面就互生好感。两个人相恋 10 年，这 10 年中，互写书信、写诗歌，终于在一起了，结果结婚两年后朱生豪就逝世了。在 32 岁短短的一生中，他做了两件重要的事：一件事是把莎士比亚带进了中国，一件事是和宋清如至上的爱情。

1986 年，殷洁读大二，放假的时候到四川玩，遇到了导游周小林，两个人在接触的几天中互相倾诉，在没有 QQ 和微信的年代，书信就成了连接他们的纽带。到 1991 年冬天，两个人已经很熟了，有一天周小林到北京去找殷洁了，殷洁问他来干吗？他说来和她结婚。

周小林认为他和女孩子在一起，人家在北京，我在四川，她等于下嫁我，我总得送她一件什么礼物。殷洁有一次和他出去玩，看到一片开花的山谷，说太漂亮了，我们将来如果能够在这样的地方生活，该有多好。这个男人就把这件事放在了心里，后来周小林就送了殷洁一座花园。用了 10 年的时间，花光了自己所有的积蓄，营造了一个童话王国。

他们后来上了《朗读者》的节目，刚好读了朱生豪的情书。

你也许不会相信。我常常想象你是多么美好，多么可爱，但实际见到你面的时候，你比我想象的要美好得多、可爱得多。

你不能说我在说谎，因为如果不然的话，我蛮可以仅仅想忆你自足，而不必那样渴望着要看见你。

我遇见你，就像是找到了我真的自己。如果没有你，即使我爱了一百个人，我的灵魂也终将永远彷徨着。你是独一无二的，我将永远永远多么多么地欢喜你。

不要愁老之将至，你老了一定很可爱。而且，假如你老了十岁，我当然也同样老了十岁，世界也老了十岁，上帝也老了十岁，其余一切都是一样。

我一天一天明白你的平凡，同时却一天一天愈更深情地爱你。

你如果照镜子，你不会知道自己有多么的美好，但你如果走进我心里，你就会知道你是怎样怎样的好。

我只愿凭这灵感的相通，时时带给彼此以慰藉，像流星的光辉，照耀我疲惫的梦寐，永远存一个安慰，纵然在别离时。

醒来觉得甚是爱你。

这么浪漫的爱情，是不是每个人都很向往？有没有这种永恒的爱情？一方面可以说没有，因为爱情是有花期的。但是另一方面又可以说有，如果我们不断保鲜，这一季的花落了，下一季的花又开了，那我们就处在一个爱情的鲜花山谷，我们要不断地去滋养它、浇灌它才行。

最好的爱情就是这个样子的，把你的梦想变成我的梦想，把我的梦想变成你的梦想。在实现你的梦想中，我们共同升华。

夫妻之间是一种镜像关系。一方好了，另一方也就好了。我们不要求去改变对方，只改变自己就可以带动对方。

那如果真的遇到了渣男渣女，我们能带动他们吗？

夫妻之间的关系是人生的一种修炼，当修炼的程度越高、境界越高的时候，折磨会越多。如果真遇到了渣男渣女，把他们改造过来的案例也有。但是有些人从年轻姑娘一直修炼成老太太，才达到了改造的预期。这得是多长时间的修炼？

人的一辈子就这么长，都花在改造对方身上，值得吗？一定要坚持改造吗？

所以，你要先清楚自己的目标到底是什么？如果你的目标是做一个普通人，做一个快乐的人，你改造不了魔鬼，那你就可以根据自己的能力，安全分开，各走各的路。

　　一定不要认为所有的东西都改造得了，因为人生是有限的，青春是有限的，如果遇到不可逾越的障碍，就绕过去。不要认为自己的修行无所不能。

　　换了这个人，结果也未必好。所以换一个空间，换一个对象的时候，你还是要改造自己，不改造自己，问题还会重复出现。

　　我们找到合适的人去修行，很多的爱就在日常生活中，而每一天其实都可以有不同的爱，只要我们有心。所以我们不能只做有情人，幸福的婚姻会让大家做有心人。

　　恋爱是百米跑，婚姻是马拉松。两个人的一生好合，实是爆发力和耐力的完美结合！如果遇到错的人呢？高爱商的准则是：此生很短，少和让你产生负能量的人在一起；此生很贵，多和引你向上的人在一起。

联合出品人

林纳

中商国际管理研究院研究员
中国专业人才教育工作委员会礼仪委员
注册国际高级礼仪培训师（CISET）
中国音乐金钟奖流行音乐大赛礼仪指导
环球国际小姐大赛形体礼仪指导
中国移动、中国电信、招商银行、中国银行、中国人寿、
腾讯集团等众多 500 强企业特聘礼仪讲师

爱商打开幸福之门

作为形象礼仪讲师的我，授课 10 余年，接触过 10 万名以上女性，承蒙信任，收获了许多关于她们的故事。其中，听到最多的故事情节是"相爱不易，相处更难"。

在恋爱中，她们总是苦苦寻觅那位一旦遇见便可以"一眼一辈子"的人。可惜，每每遇到的却是覆水难收的错爱……

原来彼此只适合花前月下的浪漫，不适合婚姻里柴米油盐的平淡；说好的夫妻双双把家还，也只是美好的愿望，"熟悉的陌生人"是每天的现状……

爱是我们人生难解的必答题。所以，我们需要爱商，需要用爱的智慧去打开我们的幸福之门，去收获让我们爱的人爱我们的能力。

如果没有爱的智慧，尽管貌美如费雯·丽，倾国倾城也留不住一生至爱；如果没有爱的智慧，尽管才高八斗如张爱玲，低到尘埃里开出了花，也始终结不出期待的果，甚至最后以支付 30 万元分手费结束婚姻。

但如果你拥有让你爱的人爱你的能力，如辛普森夫人，哪怕离过婚，也能俘获英国国王的心，让其爱美人不爱江山，为她放弃王位并与她恩爱到老。

相爱可以容易，相处也可以不难，因为爱的能力是后天修成的。

关于恋爱，爱商会告诉你：你需要的不是白马，不是黑马，而是适合你的良马。对于婚姻，爱商也启迪你：婚姻不是爱情的坟墓，不会沟通才是。

杨老师用简单量化的爱商公式，深入浅出的理论体系，灵活实用的测评工具，知行合一的教学策略，为爱商学员们创造出了孕育幸福的土壤。期待与你同行，让我们的人生幸福之树，开花于爱，结果于爱，一起收获更加美好的未来！

书　馨

黑龙江大学经济学学士
高级政工师，公务员面试考官
现任思卓书院总顾问
擅长职业（学业）规划、公务员考试辅导

活出生命的意义

人生有很多难忘的时刻。在第五期和第六期的爱商蝶变营结业式上，我连续两期获得中商国际管理研究院颁发的"弗兰克尔奖"，非常感动！

弗兰克尔在他的《活出生命的意义》一书中说："人们活着是为了寻找生命的意义，这也是人们一生中被赋予的最艰巨的使命。"思卓老师将其精彩解读为"我们生命的最大意义，就在于帮助他人找到生命的意义"。由此，我理解了老师颁发"弗兰克尔奖"的价值和深远意义。知道了每个生命都有不同的使命，生命的意义就在我们经历的不同时刻、完成的不同任务中。

寻求生命的意义贵在"寻求"这个过程。

"爱商"课程的学习，使我找到了人生第二曲线。我所在的"梅兰竹菊"团队，仅通过两期爱商蝶变营，就感召了 100 多位学员加入。以公益之心推动爱商学习，通过设立奖学金，以爱凝聚"她力量"，让我看到了蝶变的美好。在"弗兰克尔奖"的奖杯上，有"梅兰竹菊"团队的名字，有她们的追求、奉献和生命的意义。

《爱商：揭秘婚恋关系中的领导力》是思卓老师 20 年来写的第 19 本书。如果说老师的著作《领导力 3.0》和《统驭》是成就事业的宝典，那么《爱商：揭秘婚恋关系中的领导力》则是开启幸福人生的钥匙。物质和精神、事业和情感，平衡了才是圆满的人生。

学习让我回到最单纯的欢喜，身心焕发出纯粹的光彩。生命是一场历练，从鲜衣怒马到银碗盛雪，从青葱岁月到白发染鬓，人总是会在经历中懂得。阿尔贝·加缪说："对未来最大的慷慨，是把一切献给现在。"把爱传出去，让爱商成为爱尚。感恩老师，帮助我们找到了生命的意义！

曹少英

历任广东省珠海市工商联副会长、副主席，
市委统战部副部长，市工商联党组书记等职
2019 年 1 月至今，任广东省珠海市专职常委

和河流对话

人生，就是和河流对话。

小时候，我常常坐在家乡的小河边，看着水中鱼虾绕着水草慢慢地游动。那时的我心净如月，怀揣的美好梦想一个连着一个。长大后，我离开家乡，告别亲人，读书，工作，结婚，生子，经历了坎坷，也收获了幸福。

每当愉快或者痛苦的时候，我都会不由得回忆起家乡的那条小河。感觉人生就是和河流对话——看流水逝去，看阳光映照水面那美丽的光影。

从小到大，我获得过无数奖项。2001 年 7 月，我在北京人民大会堂参加纪念建党 80 周年的表彰大会，获得了国家最高级别的奖项。当时，我很激动，但随着岁月更替，那种激动仿佛已经远去。

就在人生不再是荣誉、不再是喧哗时，我有幸和"爱商"课程相遇，走进了一个开启"生命意义认同，自我价值认知"，懂得"爱的能力、爱的改变"的学习实践平台。这一年来，"爱商"课程给予了我内心的充实，引导了我精神的回归！

在这里，我每一天都有新的感受。这些感受带给我力量，令我去擦拭心灵的窗口，去开拓生命的荒地。在学习、践行、传播"爱商"课程的过程中，我坚守前行的方向。我亦感受到导师和同学们都自带光芒，独一无二，他们身上闪耀的爱的光辉，是我学习过程中取之不尽、用之不竭的源泉——这些，就好像小时候，我看到家乡的小河清澈欢快地往前流淌的样子。

今天的我，带着感恩的心前行，去和大家一起看高山上的瀑布和瀑布上飞舞的彩虹。因为，如今的我是快乐的。快乐的享受来源于精神的丰富，我学会了把忍受变为享受——这是精神对于物质的胜利。

我通过"爱商"课程找回了自己，提升了精神的格局和生命维度，收获了爱己爱人的能力和底气。我传播"爱商"课程，让更多的朋友与我一样：能在一种平和的心境中和人生的河流对话，获得爱的能力，看着生命的河水流向远方……

范秋芳

天使投资人，创业者，投资机构创始合伙人。有近十年的投资行业经验，参与投资孵化项目及企业 30 余家。擅长项目商业模式报告梳理和团队管理
深圳市商业联合会理事，爱商导师，高级婚姻家庭咨询师
与人合著《远足》，将于 2020 年出版
曾获香港国际名家名师名人联合会特殊贡献奖
与百位爱商闺蜜创建百万高阶社群——瑰蜜部落，专注研究并投资女性的健康、创业、个人成长和家庭幸福等方面

爱商让生命四季芬芳

假如某一天要你放下生命中的一些东西，你最放不下的是什么？我会毫不犹豫地回答：学习。作为一名创投人，我有高光瞬间也有至暗时刻，但不管时空如何变迁，我的内心渴望永远抱持着诗和远方。人生海海，如果岁月是幅画卷，那就让时光折成经卷，由内而外，洗尽铅华，依然可爱。

我走进这个女性的课堂，实现了从最初的懵懂，到后来颜值与言值的蜕变。其实我们一生都在成长的路上。人生的成长和企业的发展相像，犹如股票的 K 线图，当第一曲线到达顶峰时必然向下。曲线下降是不可逆转的，但通常可以被延迟，也就是说第二曲线提供了再次向上的机会，而最佳的时机就是第一曲线还未转头向下的时

候，就要开始第二曲线。如果第一曲线已经转头向下，要造第二曲线就要借助更多的外部能量。"爱商"课程让我从内而外获得新生，也开启了人生成长第二曲线的蝶变旅程。

都说我们生命最大的意义在于帮助他人找到生命的意义。经过18堂爱商课的修炼，从"聊天四式"到"演说四鱼"，我不仅实现了聊天的同频共振，也提升了专业公众表达能力；不仅成了爱商导师，还获得了高级婚姻家庭咨询师的职业认证；不仅运用"爱商"课程所学丰盈了自己，还帮助更多闺蜜走进"爱商"的百万高阶社群——瑰蜜部落，赋能成长，彼此滋养。

生命的目的是以不同的形式去表现爱。作为"爱商"课程的受益者，我们将继续描绘人生蝶变的色彩，伴着春花秋月夏风冬雪，荡起时光的双桨，划开岁月的波澜，朝着更美、更好、更慧爱的方向，让爱成为最耀眼的光芒，温暖自己照亮他人。人生如花，能有一季盛开就值得庆幸了。学了"爱商"课程，有爱的滋养，可以让生命四季芬芳。

王靖雯

思卓书院北京博雅分院院长
爱商导师
爱商的学习为其开启了一段全新的生命旅程

春风十里有"爱商"

15 年来，我最引以为傲的作品就是我的婚姻，却不知爱也有春夏秋冬。人到中年，夫妻之爱会经受审美疲劳、矛盾冲突等多重考验。

带着一颗疲惫脆弱的心走进爱商课堂，期待内心照进阳光。"五爱迭代"，给我的至暗时刻打开了认知的天花板，让我看到了光明。爱有五个层次，长期处在朦胧之爱、物欲之爱，以及眷恋与付出的情感之爱阶段，很难抵挡人性的弱点、疲倦……

我才意识到，我们的爱，这么多年来都没有发展到精神之爱与灵魂之爱，只有到达理解与默契、生死相通的爱，才可以天长地久。我懂了，要改变现状，这就是起点，我开始行动，走进对方的内心世界。

我从重视他的兴趣爱好起步，他爱读书，我陪他一起品味，每个清晨醒来，他兴高采烈地读给我听，眉飞色舞地跟我分享，看着他孩子般的欢欣喜悦，我也体验到了从未有过的开心。

我陪他建设他最热衷的事业，一起构想战略，一起交流企业文化，一起找出问题，承担风险。感受到他勇往直前、追逐梦想的精神，我也觉得生命好有力量。

我把挑剔和苛责转换成欣赏，每天看他的优点，肯定、赞美、欣赏他，夫妻之间那种彼此滋养、互相成就的默契，会产生一种喜欢和对方在一起的魔力！

作为一个"爱商"课程的受益者，我希望更多的人得到滋养。修炼完18堂爱商课，我开始加入爱商导师团，讲授"爱商"，并运用爱商工具，帮助闺蜜和学员赋能。看到闺蜜们变得更美、更暖、更可爱的样子，看到了我爱的人更爱我的变化，我渐渐体会到了一种美好的心境：你喜欢花开十里，我愿做春风百里！

张钰晨

哈尔滨体育学院毕业，曾在牡丹江城建局工作多年
旅居日本 20 余年，担任汉语讲师、中文翻译，是日本篮球协会唯一一位外籍裁判员
现任思卓书院日本京都分院院长，国际短期期权中国代理商

力量

2020 年 6 月 7 日晚，我仅用 4 分钟就完成了 140 人众筹"爱商蝶变·挑战之旅"的任务，成为支持人数最多、众筹速度最快和影响力最大的榜主。这一刻，值得我一生铭记，因为这 4 分钟是长期不懈努力和精心修炼的结晶，我体验到了生命内在的那份力量。

——爱的力量。没有爱就没有生命，爱是一切美好事物的起因。跟随思卓老师学习"爱商"课程，让我们破茧成蝶，成为更好的自己。"梅兰竹菊"四姐妹通过爱心奖学金，让更多的朋友成为爱商闺蜜。我先后两次获得"金玫瑰奖"。挑战经历告诉我：你播种了希望，就一定会收获甘甜。与支持者相互吸引的力量就是爱的力量，爱能创造奇迹。

——团队的力量。一根筷子容易折，拧成的麻绳拉不断，说的就是团队的力量。人心齐，泰山移。在我的事业中，尤其是现在带领人数众多的团队，如果没有人心的凝聚、共同的目标、严格的纪律、互相的帮助，就构不成团队，只能是乌合之众。4分钟，检验出了领导力、凝聚力、执行力和战斗力。挑战的启示：只有精诚合作，才有强大的力量。

——理想的力量。近来虽然工作繁忙，但我还是抽时间去游泳、骑马、打架子鼓、骑行等。朋友问我：你怎么那么有精力？我明白，除了健身外，更多的是因为有理想、有信念、有追求，就像登山途中看到了山顶。理想让人坚持，让人自律，让人柔韧。我们追随思卓老师学习成长，让生命花开四季，让现在的行动拥有未来的意义。

黄丽华

中商国际管理研究院执行院长
全球爱商事业中心主席团主席
华夏书香名媛会联合创始人
虫虫派乐教文化（深圳）有限公司总经理
20年来专注于企业家教育、女性成长与少儿领导力发展

爱商，让幸福触手可及

"你这样做对吗？"

"我怎么啦？！"

我本想引导女儿做得更好，但一发声就让双方站在了对立面，处于紧张对话状态！

"这事我已经跟你说了多少回了，你怎么总这样……"

"你是后妈吗？"女儿面有愠色地皱起了眉头。

"咱们家你说了算，好吧！"女儿生气地说，"你是女王！"

——这是从前的我，本来想关心女儿，却让她感到我在成心挑刺，以致有时会导致她以沉默甚至无视来表达对抗。

"宝贝，这事你是这么想的呀！"

"是啊！"女儿面露笑意。

"哦，妈妈明白了。那我们来个约定好不好？"

"啥约定？说来听听。看我心情吧！"

"那现在心情如何呀？"

"还好吧！"女儿撒娇地说，"不错嘛，知道关心我的心情，看来是我亲妈！"

——学习爱商后的我，和女儿不仅可以如朋友般相处对话，并且还能在幽默逗趣中快速达成共识。

当我们不会聊天的时候，尤其是在亲人间，一不留神就把天给聊死了！要么无话可说，要么不知不觉中就有一方被点着了火，动气发怒……

当我走进爱商课堂后，发现原来聊天大有学问，"聊天四式"，可以让聊天双方实现同频共振。顺聊：如同打乒乓一样，你来我往让两个人聊得情投意合；逆聊：准备好罐装让你非同凡响，使对方刮目相看；波聊：各抒己见，通过表情之美、语言之美、语气之美和细节之美展现你的魅力；场聊：这可是高手中的高手，明暗修渠，接纳整合，掌控话局。

这就是爱商的魅力所在，它不仅仅揭秘了婚恋关系中的领导力，也优化了亲子关系、伙伴关系，简单来说就是帮你获得让你爱的人接受你、爱你的能力。

感谢爱商让我从黑白色彩的对错世界，走进了五彩缤纷、温润如玉的幸福世界。让我变得闪亮了，柔美了，会笑了，暖心且会表达爱了……从战争一触即发，到幸福触手可及，爱商，真的很神奇。

郭倩君

汤道健康集团联合创始人
汤道商学院院长

我的蝶变故事

2019 年 8 月，我终于与敬仰许久的杨思卓老师结缘了。那次，我有幸成为老师"爱商"课程第一期的学员。在此之前，杨思卓老师一直是一个我早有耳闻却从未谋面的人物，他在中国企业管理咨询领域的地位和贡献在业内外都深为人知。作为一个"休学"很久的资深课虫，我自认为不会再有什么课程能打动我，让我再投入时间和精力去探索了。然而，当杨老师带着他新近研发的课程走入我的视野时，我还是被杨老师志刚气柔的儒雅气质和课程的理念、内涵深深地吸引了。

正如杨老师所说，"爱商"是一门研究"让你爱的人爱你的能力"的学问。天哪，这多么重要！"让你爱的人爱你"——这是多少人梦寐以求的，但现实生活中，又有多少人与自己爱的人相互折磨，相互亏欠，甚至相爱相杀，眼睁睁地看着幸福之船被越推越远却无能为力……

走进"爱商"课堂，我好像发现了阿里巴巴的宝藏，一句句发人深省的金句打开了我对爱与被爱新的理解和思考。如：他爱你是因为你可爱；爱你一万年，不如爱你每一天；伤害都是迁就和改造的故事，恩爱都是选择和驾驭的故事……每一堂课都让我眼前一亮又暗自深思，通过课程，我看到了自己的不够温暖，看到了自己对形象的"自甘堕落"，看到了自己沟通中的强势造成的伤害……为了让自己有爱的能力，让我爱的人更爱我，我下决心一定要改变。

在 49 天的打卡过程中，我借与女儿的互动重点修炼做"暖人"。我每晚给寄宿的女儿发微信，向她表达关心和爱意，有时候是一个大大的拥抱表情包，有时候是一小段心灵鸡汤，有时候就是一声呼唤。女儿回到家里，我开始更多用"顺聊"的方式尊重她，倾听她的表达；女儿是偏"月亮型"的，我就更多地体现出"太阳型"的行为。渐渐的，我发现女儿的安全感和自信度有了提升，她跟我的交流不像以前那样停留在表面了，开始跟我交流内心的一些感受和想法了，开始敢于表达自己的主张了，更重要的是，女儿比以前爱说爱笑了……

这一切真好，有什么能比儿女身心健康地成长更让父母欣慰的呢？

活得漂亮，且把世界照亮！这句"爱商"的口号一直激励着我要在有生之年活出最好的自己，同时积极地影响他人。感恩杨老师的"爱商"课程开启我追求幸福的第二曲线，活得漂亮，当仁不让！

张 霞

中商国际管理研究院副院长
中商国际爱商中心联合创始人

找到北：更美、更暖、更慧爱

曾经的我们，爱得很勇敢，为爱飞蛾扑火；曾经的我们，爱得很疲惫，做贤妻良母，做孝顺女儿与知心姐姐；曾经的我们，又爱得很卑微，忍耐眼前的痛并放弃未来的梦。以为只要行走，必见前程。但一次次事与愿违，我们发现：从人生一开始，我们就没找到北！

2019年初夏，思卓老师的"爱商"理论体系完成了，在他的支持下，我和丽华院长开始举办一个全新的女性高端课程：全球首届爱商挑战之旅。点亮爱商这盏灯，我欣喜地发现，它照亮了女性成长之路，也照亮了自己的前程。

星星之火，可以燎原，追求幸福的女性，从30人到300人到在线挑战影响了30000人。而训练的成果亦让人惊喜：后来的我们，学会了释放，倾心交流，泪如泉涌；后来的我们，登上 20 楼回看曾经 1 楼的自己，才明白，忘记天空，人生如蚁；后来的我们，开启了情感丰盈之旅，学会了相互滋养；后来的我们，开启了经济富足之门，让生意有了生命的意义；后来的我们，在这个过程中变成了"瑰蜜"，美丽又甜蜜……

　　七期爱商训练营，我陪伴爱商闺蜜们一起成长，最深切地体会到什么是教学相长，什么是教而后知不足。当闺蜜欢呼生命的蝶变和凤凰涅槃的时候，我深知，有些姐妹，还是"昨天的我们"。她们一生作茧，从未蝶变，还自诩是"到死丝方尽"的春蚕。她们随遇而安，不敢挑战，还误以为平平淡淡才是真。作为爱商事业的发起人，我任重道远。为爱而生，只是起点，我追求的是为爱而精彩的人生。《爱商：揭秘婚恋关系中的领导力》这本书的出版发行，将让更多的人找到北，找到方向，更美、更暖、更慧爱；也让我再一次确认了自己的方位：以爱的传播为使命，为爱的教育而重生！

刘宣妤

中国太极文化国际交流中心副秘书长
古源（深圳）自然科技有限公司董事长
荷兰马斯特里赫特管理学院工商管理硕士
首批中国国家认证二级心理咨询师
国家人社部 CETTIC 职业培训心理教练教材执行主编

花，依然开放

2020 年 6 月初的一天，意外收到思卓老师发来的一张照片，曰：花，依然开放！那是半年前送老师的蝴蝶兰，盛开的花姿依然如蝴蝶飞舞袅袅婷婷。常人只喜枝头媚，君知蝴蝶独品兰！感受着老师的智慧和温暖，我眼睛湿润了……

出于自我成长的安全需要，外表阳光明媚、独自逐梦的我，极少去触碰心底最脆弱的部分。内心却渴望知道：什么是自己想要的爱？

从受老师之邀第一次踏进"爱商"课堂起，我开始真正与自己在一起，健商、美商、情商、智商、财商、逆商一一检视下来，发现自己唯缺爱商——让你爱的人爱你。18 节课，每一节都像是打开了一扇窗，我像进入童话世界的孩子，好奇地感受、认知这一切，同时接收着来自老师和爱商闺蜜的珍爱与慧爱。

清晰的理论架构，轻松的点滴践行，从觉知自己内在，成为一个有能力爱人的人，到"让你爱的人爱你"，不恰好是我想要的吗？

"一身刚强，难免遍体鳞伤；历尽沧桑，却毫发无伤，必是柔软的力量！"作为爱商总导师的思卓老师，他体察到我的困顿，爱之深，培之切，唤醒了如蝴蝶兰一般生命力顽强的我，引领我将刚强化为柔软，用他爱的践行为爱商大循环做了一个最好的诠释！

对的时间遇到对的人，只是幸运，要把幸运变成命运，那是专业。非常幸运，得遇爱商，在这一伟大创举由一门课程变身百万"瑰蜜"幸福工程，以期推动更多生命蝶变新生之时，作为爱商行者，我的命运已然发生变化……

花，依然开放；春色正好，彼此温暖真爱人间！

刘香

房产、不良资产买卖资深专家
盖洛普优势辅导教练
高级婚姻家庭咨询师

贤妻五能构建美好生活

在过去 6 年的婚姻生活里，我很普通，先生却很"不普通"，他有特别的爱好，是一个越野车发烧友，每年有四分之一的日子处于在沙漠、高原的无人区度过的失联状态。我从一开始就不理解痴迷越野能带来什么，到后来更是增添了不满与抱怨，慢慢地，我们变成他没空理我，我没空理他的状态，孩子也少了欢笑与嬉闹，家慢慢变成了一个有孩子的旅馆。

本以为美好、和谐、幸福的家庭生活已经与自己无缘了。然而幸运的我在一个偶然的机会下得到我生命中的贵人曹姐姐的引见，认识了温文尔雅、知识渊博的杨思卓老师，当时就有一种莫名的吸引力引导我去学习老师的大爱与智慧。走进"爱商"课堂后，我知道了一位有魅力的女性需要持续学习与保鲜，学习爱商让我柔韧、自信，找到人生的目标，并且开启事业和夫妻关系的第二曲线。

"贤妻五能"这一课更是帮我重新构建了美好生活。我转变观念，不仅理解和支持先生的爱好，还主动与老公提出全家总动员去内蒙古参加阿拉善英雄会。我的改变就像开启了 Wi-Fi 一样，先生也能接收到我爱的信号，他能读懂我的眼神和我的暖语。我家大宝还说："妈妈，你变温柔了，我也要更温柔，我以后不吼你了，好不好？"现在的家里，鼓励和爱融成一团，整个屋子充满了快乐的气息，两个孩子也变得越来越阳光活泼。

在这里，我借巴菲特先生 89 岁生日时分享的第六条建议与大家共勉：成功更关乎于爱，而不是金钱。学习爱商，滋养更好的自我；实践爱商，让我爱的人爱我；传播爱商，活得漂亮，且把世界照亮！

宋歌

曹淑东

刘家利

黄晶

郭静

任晓峰

崔荣

清云

宗家屹

许艳

朱沈

宇海燕

谢瑞霞

刘蓝亿

如心

林建英

左学敏

曹淑东

医学硕士，主任医师
历任三甲医院医生、医务科副科长、业务院长等
现任某医院党委副书记、副院长、纪检书记
擅长虎符铜砭刮痧调理多种疾患

宇海燕

中学高级教师
国家二级心理咨询师，婚姻家庭咨询师，生涯规划师
中国教育学会心理学会会员，黑龙江省心理学会理事，黑
龙江省心理咨询师协会理事，黑龙江省家庭教育研究所兼
职教研员，牡丹江市教育教学研究院德育部主任

刘蓝亿

汤道健康集团创始人、董事长

宋歌

企业标准化管理专家，企业管理教练
格力空调技术标准体系创始人之一
2014 年起师从杨思卓教授研学领导力专业

许艳

深圳市康悦还原健康有限公司总经理
日本 Enagic 还原水中国总部销售总监
形体礼仪培训师，爱商导师

崔荣

香港公开大学经济管理硕士
高级会计师
任职于牡丹江市交通运输局，负责财务审计工作
热爱生活，追求美好

胡仙仙

福建沙县人
康鲜森下午茶创始人

左学敏

爱商导师
六维领导力授证讲师
九段工具授证讲师
爱商蝶变七律：追求美好、为人着想、借智借力、悦己
悦人、珍爱生命、言出必行、思利及人。助力我们开启
圆满人生。

朱沈

爵士舞教练
资深新媒体人
（5 年新媒体运营经历，2 年政旅行业高级拓展经历）

郭静

粉黛新贵女性财商教育创始人

林建英

深圳市动能世纪科技有限公司合伙人兼总经理

黄晶

魅力素女美容连锁创始人
华夏美女会会长
深圳女企业家联合会秘书长
高级婚姻家庭咨询师
思卓书院臻泽堂分院院长

任晓峰

爱商领导力二期优秀毕业生
爱商导师
高级婚姻家庭咨询师

谢瑞霞

中商国际财商中心联合发起人兼主任
百万高阶社群——瑰蜜部落总部落长
只有爱，没有爱商，就是"爱盲"！就算有多少爱重来，
都不过是又一次伤害！无知的人坠入爱河，爱商让我们
在爱河中荡起双桨……

杨亦强

深圳中金天成投资控股有限公司董事长
爱商不仅让我们拥有让你爱的人爱你的能力，也是进入她
时代的万能钥匙，能让女性在职场和商场上如鱼得水的同
时，更好地经营婚姻家庭，为新时代女企业家保驾护航！

清云

华夏书香名媛会副会长
爱商导师
高级婚姻家庭咨询师
曾留学英国，TESOL 国际英语教师
爱商，让你在情场上掌握主动权，拥有让你爱的人爱你的能力，更能助力事业上各种人际关系的和谐，让你全方位轻松驾驭幸福人生。

如心（宋楠）

思卓书院禅心分院院长
华夏书香名媛会会董
高级婚姻家庭咨询师
百万爱商瑰蜜蝶变工程联合发起人
爱商是人生必修课，它将让千万女性受益，生命蝶变，获得爱的能力与智慧。人生只有懂得爱，不断地践行爱，正确地付出爱，才会成为爱本身，才能令自己和身边的人更幸福圆满。

常文红

现任太平人寿高级经理
太平人寿六星级讲师，钻石级代理人。八次入围百万销售精英论坛，多次入围分公司高峰会
陈氏太极拳第十三代传人
感恩、勤奋、专业是其不变的人生信条

刘家利

梅利奥私人医疗中心执行院长
全球私人医生联盟理事
A4M 荷尔蒙抗衰老协会成员
生命能量疗愈师

宗家屹

华夏书香名媛会会董
爱商导师团执行团长
高级婚姻家庭咨询师
2019 年初夏跟随杨老师学习爱商，检视自己的生活，深
刻感受学习爱商对幸福人生的重要性，呼吁大家科普这
门知识后再恋爱，熟手上路提升幸福指数，减少人生道
路上的"马路杀手"。